記憶の「9マス英単語」

晴山陽一

文春新書
577

記憶の「9マス英単語」
Contents

- ■プロローグ■　「9マスパズル」の世界にようこそ！　004
- ■WARM-UP■　文字数パズル　007
- ■PART 1■　同意語・反意語パズル　015
- ■PART 2■　接頭辞パズル（1）　037
- ■PART 3■　接頭辞パズル（2）　059
- ■PART 4■　接尾辞パズル（1）　081
- ■PART 5■　接尾辞パズル（2）　103
- ■PART 6■　語根パズル（1）　125
- ■PART 7■　語根パズル（2）　147
- ■PART 8■　語根パズル（3）　169
- ■PART 9■　発音パズル　191
- ■エピローグ■　最後に一発、上級パズルをお見舞いします！　209
- ■INDEX■　211

PENGUISH

①……014	⑥……124
②……036	⑦……146
③……058	⑧……168
④……080	⑨……190
⑤……102	⑩……208

イラストレーション／入生田 蛍

■プロローグ■
「9マスパズル」の世界にようこそ！
Welcome to the world of 'Nine-box Puzzle'!

　常々不思議に思っていることがあります。

　テストもクイズも、本来あまり意味が違わないはずなのに、どうしてテストは嫌われ、クイズは好かれるのでしょう。考えてみれば、おかしな話です。

　どちらも人の知識を試します。知らなければ恥をかくような問題もあります。なのに、「これはクイズだよ！」と言われれば誰もが喜んでチャレンジするのです。「物は言いよう」とはまさにこのことですね。

　そこで私は考えました。なんとかテストをクイズ化して、楽しみながら（知らぬうちに）知識を蓄える方法はないものか、と。そして考えついたのが、本書でみなさんにお楽しみいただく「**英単語9マスパズル**」なのです。

　「9マスパズル」の話に入る前に、ちょっと肩ならしの問題を1題解いていただきましょう。題して「アメリカの州名パズル」。さっそくお試しください。

【問題】アメリカの州の中には、Kで始まる州が2つあります。それはどことどこでしょう。

　いかがでしょう。サッと答えられた方、2つ目で往生した方、1つも思い出せずに歯ぎしりしている方、といろいろなケースが考えられます。でも、たかがパズルと思えば、出題者の私を恨むような人はいないはずです。パズルは楽しいもの、と決まっているからです。

　正解を言いましょう。答えはKansasとKentuckyです。言われてみれば「なーるほど」ではないでしょうか。

■プロローグ■

　では、次は、「アメリカの州名・9マスパズル」に挑戦していただきます。いよいよ「9マスパズル」の登場です。各マスに該当する州名を、少なくとも1つは思い出してください。では、スタート！

① Aで始まる州	② Cで始まる州	③ Iで始まる州
④ Mで始まる州	アメリカの州名	⑤ Nで始まる州
⑥ Oで始まる州	⑦ Tで始まる州	⑧ Wで始まる州

　どうでしたか。すらすらと8つの州名が出てきましたか？　中には、同じマスに入る州名をいくつも思い出して、どれにするか迷ったという贅沢な方もおられたかもしれません。
　では、正解例を言いましょう。

① Alabama, Alaska, Arizona, Arkansas
② California, Colorado, Connecticut
③ Idaho, Illinois, Indiana, Iowa
④ Maine, Maryland, Massachusetts, Michigan, Minnesota, Mississippi, Missouri, Montana
⑤ Nebraska, Nevada, New Hampshire, New Jersey, New Mexico, New York, North Carolina, North Dakota
⑥ Ohio, Oklahoma, Oregon
⑦ Tennessee, Texas
⑧ Washington, West Virginia, Wisconsin, Wyoming

　これだけの州名の中からひとつずつ思い出せばいいのですから、ほとんどの方は楽勝だったと思います。どうです、「9マスパズル」って楽しいでしょう。
　では、この余勢を駆って、さっそく本文にお進みいただきましょう。とはいえ、いきなり本番ではいかにもセワシナイので、まずは3回分のWARM-UPパズルに挑戦していただきます。ここで「9マスパズル」の雰囲気に慣れていただき、PART 1からいよいよ**「英単語9マスパズル」**を存分にお楽しみいただこうと思います。
　なお、この本の特別な趣向として、各PARTの末尾に、そのPARTに出てきた単語の復習を兼ねたペンギン英会話のコーナー、その名も**「PENGUISH」**をご用意しました。このページは入生田蛍さんとクリストファー・ベルトンさんのご協力で実現しました。また、今回も文春新書の川村容子さんに最初から最後までお世話になりました。3人の方に深く感謝の意を表したいと思います。

2007年4月　晴山陽一

WARM-UP
文字数パズル

『英単語9マスパズル』の世界にようこそ。ここはまさに英単語の宝の山である。まずは、9マス方式のパズルに慣れるため、肩ならしのつもりで、『文字数パズル』に3回だけ挑戦していただこう。「4文字の単語」「5文字の単語」というように、文字数別に並べると、単語たちはとても行儀よく整列する。こんなふうに、単語たちに号令をかけるのが、私は大好きだ。例えば、「7文字の名詞」には、account、economy、expense、opinion、purpose……と、まさに最重要単語がひしめく。見ていて本当にほれぼれする。単語の学習は、単語との語らいである。行儀よく並んだ単語たちと、ひとときのふれあいを楽しもう。ここでは、名詞を使った『文字数パズル』を、4文字、5文字、6文字の順で解いていただく。それではさっそく、『文字数パズル』の幕を開けることにしよう。

■1■　4文字の名詞
■2■　5文字の名詞
■3■　6文字の名詞

■1■ 4文字の名詞

① 地域 (a___)	② 原子 (a___)	③ 爆弾 (b___)
④ 細胞 (c___)	4文字名詞	⑤ 運命 (f___)
⑥ 燃料 (f___)	⑦ 苦痛 (p___)	⑧ 賃金 (w___)

WARM-UP

【答え】

① area	② atom	③ bomb
④ cell	—	⑤ fate
⑥ fuel	⑦ pain	⑧ wage

【こう覚えれば忘れない！】

① an urban **area** で「都市部」、a rural **area** で「農村部」
② a hydrogen **atom** で「水素原子」
③ a hydrogen **bomb** で「水素爆弾」
④ **cell** division で「細胞分裂」、**cell** phone は「携帯電話」（米）
⑤ an irony of **fate** と言えば「運命の皮肉」
⑥ fossil **fuel** で「化石燃料」
⑦ a dull **pain** で「鈍痛」、an acute **pain** で「鋭い痛み」
⑧ a daily **wage** で「日給」、a weekly **wage** で「週給」（wage は主に肉体労働の給料を指す）

■2■　5文字の名詞

① 法廷 (c____)	② 犯罪 (c____)	③ 信頼 (f____)
④ 習慣、癖 (h____)	5文字名詞	⑤ 値段 (p____)
⑥ 比率 (r____)	⑦ 道筋 (r____)	⑧ 主題 (t____)

WARM-UP

【答え】

① court	② crime	③ faith
④ habit	―	⑤ price
⑥ ratio	⑦ route	⑧ theme

【こう覚えれば忘れない！】
① a civil **court** で「民事裁判所」、a criminal **court** で「刑事裁判所」
② commit a **crime** で「罪を犯す」
③ blind **faith** で「盲信」
④ a creature of **habit** と言えば「習慣の生き物（奴隷）」
⑤ a reduced **price** で「割引価格」
⑥ direct **ratio** で「正比例」、inverse **ratio** で「逆比例」
⑦ the land **route** で「陸路」、the sea **route** で「海路」
⑧ a **theme** and variation と言えば「主題と変奏」

■3■ 6文字の名詞

① 予算 (b_____)	② 危機 (c_____)	③ 努力 (e_____)
④ 収入 (i_____)	6文字名詞	⑤ 効果 (e_____)
⑥ 方法 (m_____)	⑦ 結果 (r_____)	⑧ 理論 (t_____)

【答え】

① budget	② crisis	③ effort
④ income	—	⑤ effect
⑥ method	⑦ result	⑧ theory

【こう覚えれば忘れない！】

① an annual **budget** で「年間予算」
② a financial **crisis** で「財政危機」
③ physical **effort** で「肉体的努力」、mental **effort** で「頭を働かせること」
④ national **income** で「国民所得」
⑤ the greenhouse **effect** で「温室効果」
⑥ mass production **methods** で「大量生産方式」
⑦ the **results** of the game で「試合の結果」
⑧ the **theory** of relativity で「相対性理論」

PENGUISH ①

> According to my theory, the effects gained from this training method will result in us being able to fly.

> I salute your efforts, but it is not the fate of penguins to fly.

「僕の理論では、この訓練方法で効果が上がったとき、結果として僕らは飛べるだろう」
「努力は認めるが、ペンギンは空を飛べない運命だよ！」

■theory（→ p.13） ■effect（→ p.13） ■method（→ p.13）
■result（→ p.13） ■effort（→ p.13） ■fate（→ p.9）

PART 1
同意語・反意語パズル

　単語を最も効率的に覚える方法は、2つずつペアにして学習するやり方だ。例えば、日本語の「賞罰」は reward and punishment、「収支」は income and expense である。面白いことに、「損益」は英語では、profit and loss（益損）と順序が逆になる。マイナス面を先にする日本式と正反対である。正反対と言えば、「苦楽」も pleasure and pain と逆になる。英語では、楽しみが苦しみより前に来る。こんなところにも、日英の発想の違いが浮き彫りになって面白い。では、まず〈同意語ペア〉、次に〈**反意語ペア**〉の順で、さっそくペア学習をお楽しみいただこう。

- ■1■　名詞の同意語
- ■2■　動詞の同意語
- ■3■　形容詞の同意語①
- ■4■　形容詞の同意語②
- ■5■　名詞の反意語①
- ■6■　名詞の反意語②
- ■7■　動詞の反意語
- ■8■　形容詞の反意語①
- ■9■　形容詞の反意語②
- ■10■　形容詞の反意語③

■1■ 名詞の同意語

① ability ↓ (t_____)	② danger ↓ (p____)	③ chance ↓ (o_____)
④ drug ↓ (m_____)	名詞の同意語	⑤ courage ↓ (b_____)
⑥ decoration ↓ (o_____)	⑦ value ↓ (w____)	⑧ victory ↓ (t_____)

PART 1　同意語・反意語パズル

【答え】

① talent (才能)	② peril (危険)	③ opportunity (機会)
④ medicine (薬)	―	⑤ bravery (勇気)
⑥ ornament (飾り)	⑦ worth (価値)	⑧ triumph (勝利)

【こう覚えれば忘れない！】

① a **talent** for painting で「絵の才能」
② a national **peril** で「国家の危難」
③ equal **opportunity** で「機会均等」
④ a specific **medicine** で「特効薬」
⑤ display **bravery** で「勇気のあるところを見せる」
⑥ ear **ornaments** で「耳飾り」
⑦ artistic **worth** で「美術的価値」
⑧ a diplomatic **triumph** で「外交上の勝利」

■2■ 動詞の同意語

① hurt ↓ (i_____)	② own ↓ (p_____)	③ hide ↓ (c_____)
④ hire ↓ (e_____)	動詞の同意語	⑤ resist ↓ (o_____)
⑥ answer ↓ (r____)	⑦ buy ↓ (p_____)	⑧ mend ↓ (r_____)

PART 1　同意語・反意語パズル

【答え】

① injure （傷つける）	② possess （所有する）	③ conceal （隠す）
④ employ （雇う）	—	⑤ oppose （反対する）
⑥ reply （返答する）	⑦ purchase （購入する）	⑧ repair （修理する）

【こう覚えれば忘れない！】

① **injure** one's reputation で「名声に傷をつける」
② **possess** nuclear weapons で「核兵器を保有する」
③ **conceal** one's real name で「本名を隠す」
④ **employ** him as a driver で「彼を運転手として雇う」
⑤ **oppose** the new tax law で「新しい税法に反対する」
⑥ **reply** in writing で「文書で回答する」
⑦ **purchase** a picture at auction で「競売で絵画を買う」
⑧ **repair** a car（車を修理する）

■3■ 形容詞の同意語①

① common ↓ (o_____)	② clever ↓ (i_____)	③ complete ↓ (p_____)
④ proper ↓ (s_____)	形容詞の同意語	⑤ important ↓ (s_____)
⑥ exact ↓ (a_____)	⑦ casual ↓ (a_____)	⑧ friendly ↓ (s_____)

PART 1　同意語・反意語パズル

【答え】

① ordinary （普通の）	② intelligent （知能の高い）	③ perfect （完全な）
④ suitable （ふさわしい）	―	⑤ significant （重大な）
⑥ accurate （正確な）	⑦ accidental （偶然の）	⑧ sociable （社交的な）

【こう覚えれば忘れない！】

① ordinary ability で「人並みの能力」
② an intelligent machine と言えば、コンピューターの通称
③ the perfect crime で「完全犯罪」
④ shoes suitable for climbing で「山登りに適した靴」
⑤ a significant privacy violation で「重大なプライバシーの侵害」
⑥ an accurate report で「正確な報道」
⑦ an accidental fire で「失火」
⑧ a sociable party で「親睦会」

■4■ 形容詞の同意語②

① real → (g_____)	② necessary → (i_____)	③ queer → (p_____)
④ deep → (p_____)	形容詞の同意語	⑤ valuable → (p_____)
⑥ egoistic → (s_____)	⑦ tired → (w____)	⑧ eternal → (p_____)

PART 1　同意語・反意語パズル

【答え】

① genuine （本物の）	② indispensable （絶対必要な）	③ peculiar （奇妙な）
④ profound （深遠な）	―	⑤ precious （貴重な）
⑥ selfish （わがままな）	⑦ weary （疲れた）	⑧ perpetual （永遠の）

【こう覚えれば忘れない！】
① a **genuine** diamond で「本物のダイヤモンド」
② an **indispensable** duty で「避けられない義務」
③ **peculiar** behavior で「変わった行動」
④ a **profound** thinker で「深遠な思想家」
⑤ a **precious** metal で「貴金属」
⑥ **selfish** behavior で「わがままな振る舞い」
⑦ grow **weary** で「疲れてしまう」
⑧ **perpetual** snow で「万年雪」

■5■ 名詞の反意語①

① presence ↕ (a_____)	② noise ↕ (s_____)	③ quality ↕ (q_____)
④ optimism ↕ (p_____)	名詞の反意語	⑤ entrance ↕ (e___)
⑥ heaven ↕ (h___)	⑦ winner ↕ (l____)	⑧ supply ↕ (d_____)

PART 1 同意語・反意語パズル

【答え】

① absence	② silence	③ quantity
④ pessimism	—	⑤ exit
⑥ hell	⑦ loser	⑧ demand

【対にして確認しましょう】
① presence(出席) ↔ absence(欠席)
② noise(騒音) ↔ silence(沈黙)
③ quality(質) ↔ quantity(量)
④ optimism(楽天主義) ↔ pessimism(悲観主義)
⑤ entrance(入り口) ↔ exit(出口)
⑥ heaven(天国) ↔ hell(地獄)
⑦ winner(勝者) ↔ loser(敗者)
⑧ supply(供給) ↔ demand(需要)
　＊例えば、a constant supply で「一定の供給」、a constant demand で「一定の需要」

■6■ 名詞の反意語②

① victory ↕ (d_____)	② marriage ↕ (d_____)	③ ancestor ↕ (d_____)
④ male ↕ (f_____)	名詞の反意語	⑤ virtue ↕ (v___)
⑥ sympathy ↕ (a_____)	⑦ verse ↕ (p____)	⑧ wealth ↕ (p_____)

PART 1　同意語・反意語パズル

【答え】

① defeat	② divorce	③ descendant
④ female	—	⑤ vice
⑥ antipathy	⑦ prose	⑧ poverty

【対にして確認しましょう】
① victory(勝利) ↔ defeat(敗北)
② marriage(結婚) ↔ divorce(離婚)
③ ancestor(先祖) ↔ descendant(子孫)
④ male(男、雄) ↔ female(女、雌)
⑤ virtue(美徳) ↔ vice(悪徳)
⑥ sympathy(共感) ↔ antipathy(反感)
⑦ verse(韻文) ↔ prose(散文)
⑧ wealth(富) ↔ poverty(貧困)
　＊例えば、live in wealth で「裕福に暮らす」、live in poverty で「貧乏に暮らす」

■7■ 動詞の反意語

① remember ↕ (f_____)	② blame ↕ (p_____)	③ omit ↕ (i_____)
④ produce ↕ (c_____)	動詞の反意語	⑤ attack ↕ (d_____)
⑥ accept ↕ (r_____)	⑦ forgive ↕ (p_____)	⑧ fail ↕ (s_____)

PART 1　同意語・反意語パズル

【答え】

① forget	② praise	③ include
④ consume	—	⑤ defend
⑥ refuse/reject	⑦ punish	⑧ succeed

【対にして確認しましょう】

① remember(思い出す) ↔ forget(忘れる)
② blame(非難する) ↔ praise(賞賛する)
③ omit(省略する) ↔ include(含む)
④ produce(生産する) ↔ consume(消費する)
⑤ attack(攻撃する) ↔ defend(防御する)
⑥ accept(受け入れる) ↔ refuse(断る)/reject(きっぱり断る)
⑦ forgive(許す) ↔ punish(罰する)
⑧ fail(失敗する) ↔ succeed(成功する)
　＊例えば、fail in business で「事業に失敗する」、succeed in business で「事業に成功する」

29

■8■ 形容詞の反意語①

① right ↕ (w____)	② simple ↕ (c_____)	③ foreign ↕ (d_____)
④ useful ↕ (u_____)	形容詞の反意語	⑤ polite ↕ (r___)
⑥ positive ↕ (n_____)	⑦ active ↕ (p_____)	⑧ internal ↕ (e_____)

PART 1　同意語・反意語パズル

【答え】

① wrong	② complex	③ domestic
④ useless	―	⑤ rude
⑥ negative	⑦ passive	⑧ external

【対にして確認しましょう】
① right（正しい）↔ wrong（間違った）
② simple（単純な）↔ complex（複雑な）
③ foreign（外国の）↔ domestic（国内の）
④ useful（役に立つ）↔ useless（役に立たない）
⑤ polite（丁寧な）↔ rude（失礼な）
⑥ positive（積極的な）↔ negative（消極的な）
⑦ active（能動的な）↔ passive（受動的な）
⑧ internal（内部の）↔ external（外部の）
　＊例えば、internal medicine は「内服薬」、external medicine は「外用薬」

■9■ 形容詞の反意語②

① adult ↕ (j_____)	② diligent ↕ (l___)	③ broad ↕ (n_____)
④ deep ↕ (s_____)	形容詞の反意語	⑤ written ↕ (o___)
⑥ urban ↕ (r____)	⑦ solar ↕ (l____)	⑧ total ↕ (p_____)

PART 1　同意語・反意語パズル

【答え】

① juvenile	② lazy	③ narrow
④ shallow	—	⑤ oral
⑥ rural	⑦ lunar	⑧ partial

【対にして確認しましょう】
① adult（大人の）↔ juvenile（青少年の）
② diligent（勤勉な）↔ lazy（怠惰な）
③ broad（幅が広い）↔ narrow（幅が狭い）
④ deep（深い）↔ shallow（浅い）
⑤ written（筆記の）↔ oral（口頭の）
⑥ urban（都会の）↔ rural（田舎の）
⑦ solar（太陽の）↔ lunar（月の）
⑧ total（全体の）↔ partial（部分の）
　＊例えば、a total eclipse は「皆既日食」、a partial eclipse は「部分日食」

■ 10 ■ 形容詞の反意語③

① absolute ↕ (r_____)	② abstract ↕ (c_____)	③ compulsory ↕ (v_____)
④ natural ↕ (a_____)	形容詞の反意語	⑤ profound ↕ (s_____)
⑥ superior ↕ (i_____)	⑦ physical ↕ (m____)	⑧ odd ↕ (e___)

PART 1　同意語・反意語パズル

【答え】

① relative	② concrete	③ voluntary
④ artificial	—	⑤ superficial
⑥ inferior	⑦ mental	⑧ even

【対にして確認しましょう】
① absolute(絶対的な) ↔ relative(相対的な)
② abstract(抽象的な) ↔ concrete(具体的な)
③ compulsory(強制的な) ↔ voluntary(自発的な)
④ natural(自然の) ↔ artificial(人工の)
⑤ profound(深遠な) ↔ superficial(表面的な)
⑥ superior(優位の) ↔ inferior(劣位の)
⑦ physical(肉体の) ↔ mental(精神の)
⑧ odd(奇数の) ↔ even(偶数の)
　＊例えば、odd numbers は「奇数」、even numbers は「偶数」

「才能はある。機会があれば僕は成功し、人生の勝者となるのさ！」
「勝者になっても敗者になっても、ペンギンだということをお忘れなく」

■talent（→ p.17） ■opportunity（→ p.17）
■succeed（→ p.29） ■winner（→ p.25） ■loser（→ p.25）

PART 2
接頭辞パズル（1）

　WARM-UPで、私は単語たちに号令をかけるのが好きだと書いた。その応用例のひとつが、これから始める語源によるアプローチだ。例えば、「-lessで終わる単語、この指とまれ！」と言えば、nameless, hopeless, endless, uselessなどの単語が、餌を求める鳩のように寄ってくる。単語を手なずけるには、まず「単語寄せの術」を身に付けなくてはならない、というのが長年の私の持論だ。というわけで、このPARTでは、単語の頭に来る「接頭辞」で単語を寄せてみようと思う。号令をかけるのは私だが、単語を寄せるのはあなたの仕事である。さっそく始めよう。

- ■1■　接頭辞① in-（中に、〜に）
- ■2■　接頭辞② in/il/ir-（否定）
- ■3■　接頭辞③ un-（否定）
- ■4■　接頭辞④ ex-（外へ、強意）
- ■5■　接頭辞⑤ ex-（外へ、強意）
- ■6■　接頭辞⑥ inter/intel-（間で）
- ■7■　接頭辞⑦ pre-（前に）
- ■8■　接頭辞⑧ pro-（前に）
- ■9■　接頭辞⑨ pro/pur-（前に）
- ■10■　接頭辞⑩ sub/sup/sus/suc/suf-（下に）

■1■ 接頭辞① in-（中に、〜に）

① 含む	② 収入	③ 知らせる
④ 〜するつもりである	in-（中に、〜に）	⑤ 言い張る
⑥ 奮い立たせる	⑦ 教える、指示する	⑧ 巻き込む

PART 2　接頭辞パズル(1)

【答え】

① include	② income	③ inform
④ intend	—	⑤ insist
⑥ inspire	⑦ instruct	⑧ involve

【言葉のなりたち】
① include：in(中に)clude(閉じる)→閉じ込める→**含む**
② income：in(中に)come(来る)→実入り→**収入**
③ inform：in(中に)form(形づくる)→心の中に形成する→**知らせる、伝える**
④ intend：in(〜の方に)tend(張り伸ばす)→〜に心を向ける→**〜するつもりである**
⑤ insist：in(上に)sist(立つ)→〜の上にしっかり立つ→**言い張る**
⑥ inspire：in(中に)spire(呼吸する)→息を吹き込む→**霊感を与える、奮い立たせる**
⑦ instruct：in(中に)struct(建てる)→心の中に築く→**教える、指示する**
⑧ involve：in(中に)volve(巻く)→**巻き込む**

■2■　接頭辞② in/il/ir-（否定）

① 信じられない	② 独立	③ 避けられない
④ 傷つける	in/il/ir-（否定）	⑤ 無罪の
⑥ 違法な	⑦ 無知な	⑧ 不規則な

PART 2　接頭辞パズル(1)

【答え】

① incredible	② independence	③ inevitable
④ injure	—	⑤ innocent
⑥ illegal	⑦ ignorant	⑧ irregular

【言葉のなりたち】

① **incredible**：in(否定)cred(信じる)ible(できる)→**信じられない**
② **independence**：in(否定)depend(依存する)ence(名詞化)→従属しないこと→**独立**
③ **inevitable**：in(否定)evitable(避けられる)→**避けられない、必然的な**
④ **injure**：in(否定)jure(正義)→正しくないことをする→**傷つける**
⑤ **innocent**：in(否定)nocent(害を与える)→**無害な、無罪の**
⑥ **illegal**：il(=in: 否定)legal(合法の)→**違法な**
⑦ **ignorant**：i(=in: 否定)gnor(知る)ant(形容詞化)→**無知な**
⑧ **irregular**：ir(=in: 否定)regular(規則的な)→**不規則な**

■3■ 接頭辞③ un-（否定）

① 普通でない	② 知られていない	③ 信じがたい
④ 不自然な	un-（否定）	⑤ 不幸な
⑥ 不必要な	⑦ 信頼できない	⑧ 失業

PART 2　接頭辞パズル(1)

【答え】

① unusual	② unknown	③ unbelievable
④ unnatural	—	⑤ unfortunate
⑥ unnecessary	⑦ unreliable	⑧ unemployment

【言葉のなりたち】

① **unusual**：un(否定)usual(いつもの)→**普通でない、異常な**
② **unknown**：un(否定)known(知られている)→**知られていない**
③ **unbelievable**：un(否定)believable(信じられる)→**信じがたい**
④ **unnatural**：un(否定)natural(自然な)→**不自然な**
⑤ **unfortunate**：un(否定)fortunate(幸運な)→**不幸な**
⑥ **unnecessary**：un(否定)necessary(必要な)→**不必要な**
⑦ **unreliable**：un(否定)reliable(頼れる)→**信頼できない**
⑧ **unemployment**：un(否定)employment(雇用)→**失業**

■4■ 接頭辞④ ex-（外へ、強意）

① 除外する	② 表現する	③ 輸出する
④ 説明する	ex- （外へ、強意）	⑤ 存在する
⑥ 延長する	⑦ 越える	⑧ 展示する

PART 2　接頭辞パズル(1)

【答え】

① exclude	② express	③ export
④ explain	—	⑤ exist
⑥ extend	⑦ exceed	⑧ exhibit

【言葉のなりたち】

① **exclude**：ex(外へ)clude(閉じる)→閉め出す→**除外する**

② **express**：ex(外へ)press(押す)→表に押し出す→**表現する**

③ **export**：ex(外へ)port(運ぶ)→運び出す→**輸出(する)**

④ **explain**：ex(外へ)plain(平らな)→平易にする→**説明する**

⑤ **exist**：ex(外へ)sist(立つ)→外に立っている→**(確かに)実在する、存在する**

⑥ **extend**：ex(外へ)tend(張り伸ばす)→**延長する、広げる**

⑦ **exceed**：ex(外へ)ceed(行く)→**越える**

⑧ **exhibit**：ex(外へ)hibit(持つ)→外に置く→**展示する**

■5■ 接頭辞⑤ ex-（外へ、強意）

① 出口	② 陳列する、さらす	③ 爆発する
④ 使い果たす	ex- (外へ、強意)	⑤ 遠征(隊)、遠足
⑥ 実行する、処刑する	⑦ 消す	⑧ 誇張する

PART 2 接頭辞パズル(1)

【答え】

① exit	② expose	③ explode
④ exhaust	—	⑤ expedition
⑥ execute	⑦ extinguish	⑧ exaggerate

【言葉のなりたち】
① exit：ex(外へ)it(行く)→**出口**
② expose：ex(外へ)pose(置く)→**陳列する、さらす**
③ explode：ex(外へ)plode(手をたたく)→拍手する→**爆発する**
④ exhaust：ex(外へ)haust(汲む)→汲み出す→**使い果たす、排気ガス**
⑤ expedition：ex(外へ)ped(足)ition(名詞語尾)→**遠征(隊)、遠足**
⑥ execute：ex(外へ)secute(続く)→後について外に出る→**実行する、処刑する**
⑦ extinguish：ex(完全に)sting(突き刺す)ish(動詞語尾)→**(火などを)消す**
⑧ exaggerate：ex(外へ)aggere(積み上げる)ate(動詞語尾)→それ以上に駆り立てる→**誇張する**

■6■ 接頭辞⑥ inter/intel-（間で）

① 国際的な	② 間隔	③ 中断する
④ 相互作用	inter/intel-（間で）	⑤ 交差点
⑥ 解釈する、通訳する	⑦ 干渉する	⑧ 知性、知識人

PART 2　接頭辞パズル(1)

【答え】

① international	② interval	③ interrupt
④ interaction	—	⑤ intersection
⑥ interpret	⑦ interfere	⑧ intellect

【言葉のなりたち】

① international：inter(間で)national(国の)→国々の間の→**国際的な**

② interval：inter(間で)val(壁)→城壁の間のすきま→**間隔**

③ interrupt：inter(間で)rupt(破る)→間を破る→**中断する**

④ interaction：inter(間で)action(作用)→互いに作用すること→**相互作用**

⑤ intersection：inter(間で)section(区分)→お互いの方向が交わる→**交差点**

⑥ interpret：inter(間で)pret(価格)→お互いの言い値を調整する→**解釈する、通訳する**

⑦ interfere：inter(間で)fere(打つ)→間で打ち合う→**干渉する**

⑧ intellect：intel(間で)lect(選ぶ)→選択する能力→**知性、知識人**

■7■ 接頭辞⑦ pre-（前に）

① 予言する	② ふりをする	③ 準備する
④ 〜のほうを好む	pre- （前に）	⑤ 先の、以前の
⑥ 保存する	⑦ 防ぐ	⑧ 先行する

PART 2 接頭辞パズル(1)

【答え】

① predict	② pretend	③ prepare
④ prefer	—	⑤ previous
⑥ preserve	⑦ prevent	⑧ precede

【言葉のなりたち】
① **predict**：pre(前に)dict(言う)→**予言する**
② **pretend**：pre(前に)tend(伸ばす)→口実を前面に出す→**ふりをする**
③ **prepare**：pre(前に)pare(用意する)→**(前もって)準備する**
④ **prefer**：pre(前に)fer(運ぶ)→優先する→**〜のほうを好む**
⑤ **previous**：pre(前に)vi(道)ous(形容詞化)→前の道を行く→**先の、以前の**
⑥ **preserve**：pre(前に)serve(保つ)→前もって保つ→**保存する**
⑦ **prevent**：pre(前に)vent(来る)→前に出てくる→**妨害する、防ぐ**
⑧ **precede**：pre(前に)cede(行く)→**先行する**

■8■ 接頭辞⑧ pro-（前に）

① 保護する	② 生産する	③ 昇進させる、促進する
④ 与える、用意する	pro- （前に）	⑤ 抗議する
⑥ 提案する	⑦ 利益	⑧ 問題

PART 2　接頭辞パズル(1)

【答え】

① protect	② produce	③ promote
④ provide	—	⑤ protest
⑥ propose	⑦ profit	⑧ problem

【言葉のなりたち】

① **protect**：pro(前に)tect(おおう)→前をおおう→**保護する**
② **produce**：pro(前に)duce(導き出す)→**製造する、生産する**
③ **promote**：pro(前に)mote(動かす)→**昇進させる、促進する**
④ **provide**：pro(前に)vide(見る)→前もって見る→**与える、用意する**
⑤ **protest**：pro(前に)test(証拠)→面前に反証を出す→**抗議する**
⑥ **propose**：pro(前に)pose(置く)→**提案する**
⑦ **profit**：pro(前に)fit(進む)→前進する→**利益(を得る)**
⑧ **problem**：pro(前に)blem(置かれた物)→**問題**

■9■ 接頭辞⑨ pro/pur- (前に)

① 推す、推進させる	② 計画	③ 見通し
④ 発音する	pro/pur- (前に)	⑤ 禁止する
⑥ 目的	⑦ 追求する	⑧ 購入する

PART 2 接頭辞パズル(1)

【答え】

① propel	② project	③ prospect
④ pronounce	—	⑤ prohibit
⑥ purpose	⑦ pursue	⑧ purchase

【言葉のなりたち】

① **propel**：pro(前に)pel(駆り立てる)→**推す、推進させる**
② **project**：pro(前に)ject(投げる)→**計画(する)**
③ **prospect**：pro(前に)spect(見る)→前を見る→**期待、見通し**
④ **pronounce**：pro(前に)nounce(告げる)→**発音する、断言する**
⑤ **prohibit**：pro(前に)hibit(持つ)→前で抑える→**禁止する**
⑥ **purpose**：pur(=pro:前に)pose(置く)→**目的**
⑦ **pursue**：pur(前に)sue(続く)→あとを追って進む→**追求する**
⑧ **purchase**：pur(前に)chase(追う)→求めて追う→**購入する**

■ 10 ■ 接頭辞⑩ sub/sup/sus/suc/suf-(下に)

① 潜水艦	② 地下鉄	③ 予約購読する
④ 物質	sub/sup/sus/suc/suf-(下に)	⑤ 支持する
⑥ 保留する	⑦ 成功する	⑧ 被る

PART 2　接頭辞パズル(1)

【答え】

① submarine	② subway	③ subscribe
④ substance	―	⑤ support
⑥ suspend	⑦ succeed	⑧ suffer

【言葉のなりたち】

① **submarine**：sub(下に)marine(海)→**海底の、潜水艦**
② **subway**：sub(下に)way(道)→**地下鉄**
③ **subscribe**：sub(下に)scribe(書く)→**署名する、予約購読する**
④ **substance**：sub(下に)stance(立つ)→物事を下から支える→**物質**
⑤ **support**：sup(=sub: 下で)port(運ぶ)→下から支える→**支持する**
⑥ **suspend**：sus(下に)pend(ぶら下がる)→**つるす、保留する**
⑦ **succeed**：suc(=sub: 下に)ceed(行く)→後をついて行く→**後を継ぐ、成功する**
⑧ **suffer**：suf(=sub: 下で)fer(運ぶ)→重荷に耐えて運ぶ→**被る**

PENGUISH ③

> I propose a project that will solve the problem!

> I prefer solving problems by swimming.

「計画的に問題を解決する提案をする！」
「僕なら泳いで問題解決するほうを好むな」

■propose（→ p.53）■project（→ p.55）
■problem（→ p.53）■prefer（→ p.51）

PART 3
接頭辞パズル（2）

　接頭辞による「単語寄せ」の2回目である。すでにお気づきのように、接頭辞はあとにくる「語根要素」によって、少しずつ形を変える場合がある。例えば、PART 2の最後に扱った「sub-」の場合、sup/sus/suc/suf- と変形する。これは、日本語でもよく起こる現象で、「上」という字を「上役は上の空」の場合には共に「うわ」と読むのと同様である。相撲の「おっつけ」はもちろん「押し付け」のなまったものだし、「追浜」という地名は「オイハマ」ではなく「オッパマ」と読む。発音はいわば口八丁の世界。綴りも発音に引きずられて形を変えるというわけだ。

- ■1■　接頭辞⑪ en/em-（中に、～に）
- ■2■　接頭辞⑫ ad/ac/ap/ar/as-（～に）
- ■3■　接頭辞⑬ con-（共に）
- ■4■　接頭辞⑭ com-（共に）
- ■5■　接頭辞⑮ de-（下へ、分離、十分）
- ■6■　接頭辞⑯ dis-（分離、反対）
- ■7■　接頭辞⑰ re-（再び、元に、後ろに）
- ■8■　接頭辞⑱ re-（再び、元に、後ろに）
- ■9■　接頭辞⑲ trans-（越えて）
- ■10■　接頭辞⑳ sym/syn-（共に）

■1■ 接頭辞⑪ en/em-（中に、～に）

① 可能にする	② 引き伸ばす	③ 豊かにする
④ 偶然出会う	en/em- （中に、～に）	⑤ 登録する
⑥ 同封する	⑦ 困惑させる	⑧ 具体化する

PART 3　接頭辞パズル(2)

【答え】

① enable	② enlarge	③ enrich
④ encounter	—	⑤ enroll
⑥ enclose	⑦ embarrass	⑧ embody

【言葉のなりたち】

① **enable**：en(〜に)able(できる)→**可能にする**

② **enlarge**：en(〜に)large(大きい)→大きくする→**引き伸ばす**

③ **enrich**：en(〜に)rich(豊かな)→**豊かにする**

④ **encounter**：en(中に)counter(反対して)→対する状態になる→**偶然出会う**

⑤ **enroll**：en(中に)roll(巻物、名簿)→**登録する**

⑥ **enclose**：en(中に)close(閉じる)→閉じ込む→**同封する**

⑦ **embarrass**：em(=en: 中に)barrass(横棒)→横棒を入れる→**困惑させる**

⑧ **embody**：em(=en: 〜に)body(体)→**形を与える、具体化する**

■2■ 接頭辞⑫ ad/ac/ap/ar/as-（〜に）

① 適応させる	② 反対の	③ 固執する
④ 受け入れる	ad/ac/ap/ar/as-（〜に）	⑤ 蓄積する
⑥ 応用する	⑦ 逮捕する	⑧ 仮定する

PART 3　接頭辞パズル(2)

【答え】

① adapt	② adverse	③ adhere
④ accept	—	⑤ accumulate
⑥ apply	⑦ arrest	⑧ assume

【言葉のなりたち】

① **adapt**：ad(〜に)apt(適した)→適した形にする→**適応させる**

② **adverse**：ad(〜に)verse(向く)→〜に対抗する→**反対の、逆の**

③ **adhere**：ad(〜に)here(くっつく)→**固執する**

④ **accept**：ac(=ad: 〜に)cept(取る)→自分の中に取り入れる→**受け入れる**

⑤ **accumulate**：ac(=ad: 〜に)cumulate(積み重ねる)→**蓄積する**

⑥ **apply**：ap(=ad: 〜に)ply(重ねる)→合うように重ねる→**応用する**

⑦ **arrest**：ar(=ad: 〜に)re(再び)st(立つ)→止めだてする→**逮捕する**

⑧ **assume**：as(〜に)sume(取る)→ある考えをとる→**仮定する**

■3■ 接頭辞⑬ con-（共に）

① 結論を出す	② 混同させる	③ 意識している
④ 〜から成る	con- （共に）	⑤ 転換する
⑥ 同意する	⑦ 契約する	⑧ 便利な

PART 3　接頭辞パズル(2)

【答え】

① conclude	② confuse	③ conscious
④ consist	—	⑤ convert
⑥ consent	⑦ contract	⑧ convenient

【言葉のなりたち】
① **conclude**：con(共に)clude(閉じる)→**結論を出す**
② **confuse**：con(共に)fuse(注ぐ)→**混同させる、混同する**
③ **conscious**：con(共に)sci(知る)ous(形容詞化)→**意識している**
④ **consist**：con(共に)sist(立つ)→一緒になっている→**～から成る**
⑤ **convert**：con(共に)vert(回る)→**転換する、変形する**
⑥ **consent**：con(共に)sent(感じる)→**同意(する)**
⑦ **contract**：con(共に)tract(引く)→取り引きする→**契約(する)**
⑧ **convenient**：con(共に)veni(来る)ent(形容詞化)→人が集まってくる→**便利な**

■4■ 接頭辞⑭ com-(共に)

① 結合する	② 構成する	③ 委託する
④ 論評する	com- (共に)	⑤ 会社
⑥ 複雑な	⑦ コンピューター	⑧ 比較する

PART 3　接頭辞パズル(2)

【答え】

① combine	② compose	③ commit
④ comment	—	⑤ company
⑥ complex	⑦ computer	⑧ compare

【言葉のなりたち】

① **combine**：com(共に)bine(2つ)→2つを一緒にする→**結合する**
② **compose**：com(共に)pose(置く)→組み立てる→**構成する**
③ **commit**：com(共に)mit(送る)→ゆだねる→**委託する**
④ **comment**：com(共に)ment(心にかけること)→**論評(する)**
⑤ **company**：com(共に)pan(パン)→食事を共にする→**仲間、会社**
⑥ **complex**：com(共に)plex(折り重ねる)→**入り組んだ、複雑な**
⑦ **computer**：com(共に)pute(考える)er(名詞語尾)→情報をまとめて計算するもの→**コンピューター**
⑧ **compare**：com(共に)pare(等しい)→**比較する**

■5■ 接頭辞⑮ de-（下へ、分離、十分）

① 依存する	② 描写する	③ 討論する
④ 演繹する	de- (下へ、分離、十分)	⑤ 欠陥
⑥ ～に由来する	⑦ 宣言する	⑧ 定義する

PART 3 接頭辞パズル(2)

【答え】

① depend	② describe	③ debate
④ deduce	—	⑤ defect
⑥ derive	⑦ declare	⑧ define

【言葉のなりたち】

① **depend**：de(下へ)pend(ぶら下がる)→**依存する**
② **describe**：de(下へ)scribe(書く)→書き留める→**描写する、記述する**
③ **debate**：de(下へ)bate(打つ)→打ち倒す→**討論(する)**
④ **deduce**：de(下へ)duce(導く)→上から下に導く→**演繹する**
⑤ **defect**：de(分離)fect(作る)→仕上がりから遠ざかる→**欠陥**
⑥ **derive**：de(分離)rive(川)→川から水を引く→**引き出す、〜に由来する**
⑦ **declare**：de(十分)clare(明らかにする)→**宣言する**
⑧ **define**：de(下へ)fine(境界、終わり)→境を定める→**定義する**

■6■ 接頭辞⑯ dis-（分離、反対）

① 病気	② 大災害	③ 討論する
④ 表す	dis- （分離、反対）	⑤ 暴露する
⑥ 分配する	⑦ かき乱す	⑧ 区別する

PART 3 接頭辞パズル(2)

【答え】

① disease	② disaster	③ discuss
④ display	—	⑤ disclose
⑥ distribute	⑦ disturb	⑧ distinguish

【言葉のなりたち】

① **disease**：dis(分離)ease(安楽)→安楽を離れた状態→**病気**
② **disaster**：dis(反対)aster(星)→不吉な星→**大災害**
③ **discuss**：dis(分離)cuss(ゆさぶる)→バラバラにして調べる→**討論する**
④ **display**：dis(分離)play(折り重ねる)→折り重ねたものを広げる→**表す、表示**
⑤ **disclose**：dis(分離)close(閉じる)→閉じたものを開けて見せる→**暴露する**
⑥ **distribute**：dis(分離)tribute(与える)→**分配する**
⑦ **disturb**：dis(分離)turb(乱す)→**かき乱す**
⑧ **distinguish**：dis(分離)sting(突き刺す)ish(動詞語尾)→刺して分ける→**区別する**

■7■ 接頭辞⑰ re-（再び、元に、後ろに）

① 改革する	② 取り除く	③ 受け取る
④ 尊敬する	re- （再び、元に、後ろに）	⑤ 断る
⑥ 拒絶する	⑦ 返答する	⑧ 反射する

PART 3 　接頭辞パズル(2)

【答え】

① reform	② remove	③ receive
④ respect	—	⑤ refuse
⑥ reject	⑦ reply	⑧ reflect

【言葉のなりたち】

① **reform**：re(再び)form(形づくる)→**改革する**
② **remove**：re(再び)move(動かす)→**取り除く**
③ **receive**：re(再び)ceive(取る)→**受け取る、受領する**
④ **respect**：re(再び)spect(見る)→あっと振り返って見る→**尊敬する**
⑤ **refuse**：re(元に)fuse(注ぐ)→注ぎ返す→**断る**
⑥ **reject**：re(元に)ject(投げる)→投げ返す→**拒絶する**
⑦ **reply**：re(元に)ply(折り重ねる)→重ね返す→**返答(する)**
⑧ **reflect**：re(後ろに)flect(曲げる)→曲げて返す→**反射する**

■8■ 接頭辞⑱ re-（再び、元に、後ろに）

① 気分を爽やかにする	② 後ろにもたれる	③ 再利用する
④ 反復する	re-（再び、元に、後ろに）	⑤ 保有する
⑥ 制限する	⑦ 要求する	⑧ 関係

PART 3　接頭辞パズル(2)

【答え】

① refresh	② recline	③ recycle
④ repeat	—	⑤ retain
⑥ restrict	⑦ require	⑧ relation

【言葉のなりたち】

① **refresh**：re(再び)fresh(新鮮な)→新鮮な状態に戻す→**気分を爽やかにする**
② **recline**：re(後ろに)cline(曲げる)→**後ろにもたれる**
③ **recycle**：re(再び)cycle(円)→何度も循環する→**再利用する**
④ **repeat**：re(再び)peat(求める)→**反復する**
⑤ **retain**：re(元に)tain(保つ)→**保有する、維持する**
⑥ **restrict**：re(強意)strict(締めつける)→**制限する**
⑦ **require**：re(再び)quire(求める)→**要求する**
⑧ **relation**：re(再び)late(運ぶ)ion(名詞化)→再び運ばれてくること→**関係(があること)**

■9■ 接頭辞⑲ trans-（越えて）

① 一変させる	② 輸送する	③ 翻訳する
④ 移動する	trans- （越えて）	⑤ 取引
⑥ 伝える	⑦ 移植する	⑧ 伝統

PART 3　接頭辞パズル(2)

【答え】

① transform	② transport	③ translate
④ transfer	—	⑤ transaction
⑥ transmit	⑦ transplant	⑧ tradition

【言葉のなりたち】

① **transform**：trans(越えて)form(形づくる)→別の形にする→**一変させる**

② **transport**：trans(越えて)port(運ぶ)→向こうへ運ぶ→**輸送する**

③ **translate**：trans(越えて)late(運ぶ)→**翻訳する**

④ **transfer**：trans(越えて)fer(運ぶ)→**移動する、譲渡する**

⑤ **transaction**：trans(越えて)act(行う)ion(名詞化)→人と取り引きすること→**取引**

⑥ **transmit**：trans(越えて)mit(送る)→向こう側に送る→**送り届ける、伝える**

⑦ **transplant**：trans(越えて)plant(植える)→**移植する**

⑧ **tradition**：tra(=trans:越えて)dit(与える)ion(名詞化)→世代を越えて伝わるもの→**伝統**

■ 10 ■ 接頭辞⑳ sym/syn-（共に）

① 対称	② 記号、象徴	③ 同情
④ 兆候、症状	sym/syn-（共に）	⑤ 同時に起こる
⑥ 総合	⑦ 同意語	⑧ 組織、体系

PART 3 接頭辞パズル(2)

【答え】

① symmetry	② symbol	③ sympathy
④ symptom	—	⑤ synchronize
⑥ synthesis	⑦ synonym	⑧ system

【言葉のなりたち】

① **symmetry**：sym(共に)metry(寸法)→同じ寸法→**対称**
② **symbol**：sym(共に)bol(投げる)→(実物と)一緒に投げられたもの→**記号、象徴**
③ **sympathy**：sym(共に)pathy(感情)→**同情**
④ **symptom**：sym(共に)ptom(落ちる)→一緒に落ちる→**兆候、症状**
⑤ **synchronize**：syn(共に)chron(時)ize(動詞化)→時を共にする→**同時に起こる**
⑥ **synthesis**：syn(共に)thesis(置くこと)→一緒に置くこと→**総合**
⑦ **synonym**：syn(共に)onym(名前)→意味を共有する名→**同意語**
⑧ **system**：sy(=syn: 共に)st(立つ)→共に組み立てられたもの→**組織、体系**

PENGUISH ④

> I think we should sign the contract for this insurance. Apparently, it's a company with long traditions that will protect us from all disasters.

> The biggest disaster that can befall that contract is the company going bankrupt.

「この保険、契約しようと思うんだ。伝統ある会社でどんな大災害でも安心だって……」
「その契約で起き得る最大の災害は、保険会社がつぶれることだな！」

■contract（→ p.65）■company（→ p.67）
■tradition（→ p.77）■disaster（→ p.71）

80

PART 4
接尾辞パズル（1）

『接頭辞パズル』の次は『接尾辞パズル』だ。「接尾辞」は、読んで字の通り、単語のしっぽにつく要素のこと。英語の場合、このしっぽの部分が品詞の表示を兼ねる場合が多い。例えば、「できる」という意味の「-able」と「-ible」は形容詞の表示も兼ねる。また、「-ment」は名詞表示も兼ねている。ただし、ごくたまに torment（悩ます）のように、「-ment」で終わる動詞があり、文字通りわれわれを「悩ます」こともある。それはともかく、『接尾辞パズル』で、単語のしっぽを捕まえることにしよう。

- ■1■ 接尾辞① -able（できる）
- ■2■ 接尾辞② -ible（できる）
- ■3■ 接尾辞③ -ance/ence（名詞化）
- ■4■ 接尾辞④ -ment（名詞化）
- ■5■ 接尾辞⑤ -ment（名詞化）
- ■6■ 接尾辞⑥ -ure（名詞化）
- ■7■ 接尾辞⑦ -tion（名詞化）
- ■8■ 接尾辞⑧ -sion（名詞化）
- ■9■ 接尾辞⑨ -er（人）
- ■10■ 接尾辞⑩ -or（人）

■1■ 接尾辞① -able（できる）

① 能力がある	② 快適な	③ 価値ある
④ 道理に合った	-able（できる）	⑤ 適当な
⑥ 利用できる、手に入る	⑦ 注目すべき	⑧ 頼りになる

PART 4　接尾辞パズル(1)

【答え】

① capable	② comfortable	③ valuable
④ reasonable	—	⑤ suitable
⑥ available	⑦ remarkable	⑧ reliable

【言葉のなりたち】
① **capable**：cap(捕まえる)able(できる)→**能力がある**
② **comfortable**：comfort(快適)able(できる)→**快適な、心地よい**
③ **valuable**：value(評価する)able(できる)→**価値ある、貴重な**
④ **reasonable**：reason(道理を説く)able(できる)→**道理に合った**
⑤ **suitable**：suit(適する)able(できる)→**適当な**
⑥ **available**：a(〜に)vail(価値がある)able(できる)→**利用できる、手に入る**
⑦ **remarkable**：remark(気づく)able(できる)→**注目すべき、著しい**
⑧ **reliable**：rely(頼る)able(できる)→**頼りになる**

■2■ 接尾辞② -ible（できる）

① 可能な	② 融通が利く	③ 信じられない
④ 目に見える	-ible（できる）	⑤ 責任のある
⑥ 怖い	⑦ 近づきやすい	⑧ 両立する

PART 4　接尾辞パズル(1)

【答え】

① possible	② flexible	③ incredible
④ visible	―	⑤ responsible
⑥ terrible	⑦ accessible	⑧ compatible

【言葉のなりたち】

① possible：poss(能力がある)ible(できる)→**可能な、起りうる**
② flexible：flex(曲げる)ible(できる)→曲げられる→**融通が利く**
③ incredible：in(否定)cred(信じる)ible(できる)→**信じられない**
④ visible：vis(見る)ible(できる)→**目に見える、明白な**
⑤ responsible：respond(答える)ible(できる)→答えられる→**責任のある**
⑥ terrible：terr(恐怖)ible(できる)→恐ろしがらせる→**怖い**
⑦ accessible：access(接近)ible(できる)→**近づきやすい**
⑧ compatible：compati(同調する)ible(できる)→**両立する**

■3■ 接尾辞③ -ance/ence（名詞化）

① 距離	② 無知	③ 手当、給与
④ 出現、外観	-ance/ence（名詞化）	⑤ 証拠
⑥ 影響	⑦ 信頼、自信	⑧ 忍耐

PART 4 接尾辞パズル(1)

【答え】

① distance	② ignorance	③ allowance
④ appearance	—	⑤ evidence
⑥ influence	⑦ confidence	⑧ patience

【言葉のなりたち】

① **distance**：di(=dis: 分離)st(立っている)ance(名詞化)→離れて立っている→**距離**
② **ignorance**：i(=in: 否定)gnor(知っている)ance(名詞化)→知らないこと→**無知**
③ **allowance**：allow(支給する)ance(名詞化)→**手当、給与**
④ **appearance**：appear(現れる)ance(状態)→**出現、外観**
⑤ **evidence**：e(=ex: 外に)vid(見る)ence(名詞化)→明らかなもの→**証拠**
⑥ **influence**：in(中に)flu(流れる)ence(名詞化)→流れ込むもの→**影響**
⑦ **confidence**：con(強意)fid(信じる)ence(名詞化)→**信頼、自信**
⑧ **patience**：pati(苦しむ)ence(名詞化)→**忍耐**

■4■ 接尾辞④ -ment（名詞化）

① 管理、経営	② 任務	③ 娯楽
④ 扱い、処置	-ment（名詞化）	⑤ 判断
⑥ 遂行、成就	⑦ 気質	⑧ 実験

PART 4　接尾辞パズル(1)

【答え】

① management	② assignment	③ amusement
④ treatment	—	⑤ judgment
⑥ fulfillment	⑦ temperament	⑧ experiment

【言葉のなりたち】

① **management**：manage(管理する)ment(名詞化)→**管理、経営**
② **assignment**：assign(任命する)ment(名詞化)→**任務**
③ **amusement**：amuse(楽しませる)ment(名詞化)→**娯楽、楽しみ**
④ **treatment**：treat(扱う)ment(名詞化)→**扱い、処置**
⑤ **judgment**：judge(判断する)ment(名詞化)→**判断**
⑥ **fulfillment**：fulfill(実行する)ment(名詞化)→**遂行、成就**
⑦ **temperament**：tempera(混ぜる)ment(名詞化)→体液の混合→**気質**
⑧ **experiment**：ex(十分に)peri(試す)ment(名詞化)→**実験**

89

■5■ 接尾辞⑤ -ment（名詞化）

① 意見の一致	② 補足	③ 興奮
④ 動き	-ment（名詞化）	⑤ 飾り
⑥ 広告	⑦ 婚約、約束	⑧ 議論、口論

PART 4　接尾辞パズル(1)

【答え】

① agreement	② supplement	③ excitement
④ movement	—	⑤ ornament
⑥ advertisement	⑦ engagement	⑧ argument

【言葉のなりたち】

① **agreement**：agree(同意する)ment(名詞化)→**意見の一致**
② **supplement**：supply(満たす)ment(名詞化)→**補足**
③ **excitement**：excite(わくわくさせる)ment(名詞化)→**興奮**
④ **movement**：move(動く)ment(名詞化)→**動き**
⑤ **ornament**：orna(飾り立てる)ment(名詞化)→**飾り**
⑥ **advertisement**：advertise(広告する)ment(名詞化)→**広告**
⑦ **engagement**：engage(婚約させる)ment(名詞化)→**婚約、約束**
⑧ **argument**：argue(議論する、口論する)ment(名詞化)→**議論、口論**

■6■ 接尾辞⑥ -ure（名詞化）

① 楽しみ	② 特徴	③ 文学
④ 建築	-ure（名詞化）	⑤ 家具類
⑥ 創造物、生き物	⑦ 温度	⑧ 失敗

PART 4 接尾辞パズル(1)

【答え】

① pleasure	② feature	③ literature
④ architecture	—	⑤ furniture
⑥ creature	⑦ temperature	⑧ failure

【言葉のなりたち】

① **pleasure**：please(喜ばす)ure(名詞化)→**楽しみ、娯楽**
② **feature**：feat(形)ure(名詞化)→形を成すもの→**特徴**
③ **literature**：literate(文字)ure(集合)→文字の集まり→**文学**
④ **architecture**：architect(建築家)ure(術)→**建築、建築物**
⑤ **furniture**：furnish(家具を備えつける)ure(名詞化)→**家具類**
⑥ **creature**：create(創造する)ure(名詞化)→**創造物、生き物**
⑦ **temperature**：temperate(温暖な)ure(名詞化)→適温→**温度、体温**
⑧ **failure**：fail(失敗する)ure(名詞化)→**失敗**

■7■ 接尾辞⑦ -tion（名詞化）

① 操作、手術	② 交渉	③ 定義
④ 解決、溶解	-tion（名詞化）	⑤ 減少、還元
⑥ 消費	⑦ 進化	⑧ 世評、名声

PART 4　接尾辞パズル(1)

【答え】

① operation	② negotiation	③ definition
④ solution	—	⑤ reduction
⑥ consumption	⑦ evolution	⑧ reputation

【言葉のなりたち】

① operation：operate(動かす)ion(名詞化)→**操作、手術**
② negotiation：neg(否定)oti(ひま)ation(名詞化)→ひまをなくすこと→**交渉**
③ definition：define(定義する)ition(名詞化)→**定義**
④ solution：solut(解く)ion(名詞化)→**解決、溶解**
⑤ reduction：reduce(減ずる)tion(名詞化)→**減少、還元**
⑥ consumption：consume(消費する)tion(名詞化)→**消費(量)**
⑦ evolution：e(=ex: 外に)volut(巻く)ion(名詞化)→先へと回転すること→**進化**
⑧ reputation：repute(評する)ation(名詞化)→**世評、名声**

■8■ 接尾辞⑧ -sion（名詞化）

① 視覚、視野	② 決断を下すこと	③ 議論
④ 混同	-sion（名詞化）	⑤ 分裂
⑥ 延長、拡張	⑦ 省略	⑧ 印象

PART 4　接尾辞パズル(1)

【答え】

① vision	② decision	③ discussion
④ confusion	—	⑤ division
⑥ extension	⑦ omission	⑧ impression

【言葉のなりたち】
① vision：vis(見る)ion(名詞化)→**視覚、視野**
② decision：de(下へ)cis(切る)ion(名詞化)→**決断を下すこと**
③ discussion：dis(分離)cuss(ゆする)ion(名詞化)→細かく調べること→**議論**
④ confusion：con(共に)fus(注ぐ)ion(名詞化)→混ざり合うこと→**混同**
⑤ division：divide(分ける)ion(名詞化)→**分裂**
⑥ extension：ex(外へ)tens(張り伸ばす)ion(名詞化)→**延長、拡張**
⑦ omission：o(反対に)miss(送る)ion(名詞化)→**省略**
⑧ impression：im(心の中に)press(押し込む)ion(名詞化)→**印象**

■9■ 接尾辞⑨ -er（人）

① 生産者	② 乗客	③ 演説者
④ 旅行者	-er（人）	⑤ 管理者
⑥ 顧客	⑦ 見知らぬ人	⑧ 通訳

PART 4　接尾辞パズル(1)

【答え】

① producer	② passenger	③ speaker
④ traveller	—	⑤ manager
⑥ customer	⑦ stranger	⑧ interpreter

【言葉のなりたち】

① **producer**：produce(生産する)er(人)→**生産者**
② **passenger**：passage(通行)er(人)→**乗客**
③ **speaker**：speak(演説する)er(人)→**演説者**
④ **traveller**：travel(旅する)er(人)→**旅行者**
⑤ **manager**：manage(管理する)er(人)→**管理者**
⑥ **customer**：custom(愛顧)er(人)→**顧客**
⑦ **stranger**：strange(見知らぬ)er(人)→**見知らぬ人**
⑧ **interpreter**：interpret(通訳する)er(人)→**通訳**

■ 10 ■ 接尾辞⑩ -or（人）

① 監督	② 編集者	③ 教授
④ 翻訳者	-or （人）	⑤ 操縦者
⑥ 俳優	⑦ 訪問者	⑧ 検査官

PART 4 接尾辞パズル(1)

【答え】

① director	② editor	③ professor
④ translator	—	⑤ operator
⑥ actor	⑦ visitor	⑧ inspector

【言葉のなりたち】
① director:direct(監督する)or(人)→**監督**
② editor:edit(編集する)or(人)→**編集者、編集長**
③ professor:profess(公言する、教授する)or(人)→**教授**
④ translator:translate(翻訳する)or(人)→**翻訳者**
⑤ operator:operate(操作する)or(人)→**操縦者**
⑥ actor:act(演じる)or(人)→**俳優**
⑦ visitor:visit(訪ねる)or(人)→**訪問者**
⑧ inspector:inspect(検査する)or(人)→**検査官、調査官**

PENGUISH ⑤

> The temperature of the Antarctic is rising! What's going to happen to our comfortable lives?

> Interest is inversely proportionate to distance. Humans seem to enjoy their ignorance about what's happening in the Antarctic!

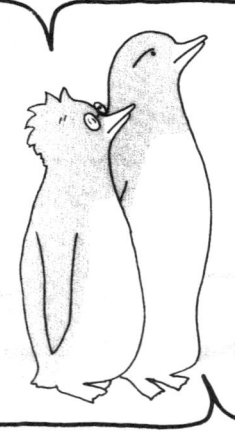

「南極の温度は上がってる！ 僕らの快適な生活はどうなっちまうんだ！」
「関心は距離に反比例する。人間は南極の現状について無知なのさ」

■temperature （→ p.93） ■comfortable （→ p.83）
■distance （→ p.87） ■ignorance （→ p.87）

PART 5
接尾辞パズル（2）

『接尾辞パズル』の２回目だ。今回は、形容詞、副詞、動詞に付く接尾辞を集めて、お楽しみいただくことにする。その前に、ちょっとだけ講釈をする。「-ly」は 95％ は副詞に付く接尾辞だが、ごく例外的に形容詞に付く場合もある、という話だ。具体例を示すと、friendly（友好的な）、likely（ありそうな）、homely（家庭的な）、cowardly（臆病な）、worldly（この世の）、daily/weekly/monthly（毎日の / 毎週の / 毎月の）などである。例外も楽しめるようになれば、英語の実力が上がった証拠と言える。では、形容詞語尾から始めよう。

- ■ 1 ■　接尾辞⑪ -ic （形容詞化）
- ■ 2 ■　接尾辞⑫ -al （形容詞化）
- ■ 3 ■　接尾辞⑬ -ical （形容詞化）
- ■ 4 ■　接尾辞⑭ -ive （形容詞化）
- ■ 5 ■　接尾辞⑮ -ous （形容詞化）
- ■ 6 ■　接尾辞⑯ -ent （形容詞化）
- ■ 7 ■　接尾辞⑰ -ly （副詞化）
- ■ 8 ■　接尾辞⑱ -ate （動詞化）
- ■ 9 ■　接尾辞⑲ -fy （動詞化）
- ■10■　接尾辞⑳ -ize （動詞化）

■1■ 接尾辞⑪ -ic（形容詞化）

① 原子の	② 家庭内の	③ 科学の
④ 外交の	-ic（形容詞化）	⑤ 特定の、具体的な
⑥ 空想的な	⑦ 巨大な	⑧ 狂気の

PART 5　接尾辞パズル(2)

【答え】

① atomic	② domestic	③ scientific
④ diplomatic	—	⑤ specific
⑥ fantastic	⑦ gigantic	⑧ lunatic

【言葉のなりたち】
① atomic：atom(原子)ic(形容詞化)→**原子の**
② domestic：dome(家)ic(形容詞化)→**家庭内の、国内の**
③ scientific：science(科学)fic(形容詞化)→**科学の**
④ diplomatic：diploma(公文書)tic(形容詞化)→公文書に関する→**外交の**
⑤ specific：spec(種)fic(形容詞化)→ある種に特殊の→**特定の、具体的な**
⑥ fantastic：fantasy(空想)ic(形容詞化)→**空想的な、素晴らしい**
⑦ gigantic：gigant(巨人)ic(形容詞化)→**巨人のような、巨大な**
⑧ lunatic：luna(月)tic(形容詞化)→月に影響される→**狂気の、精神異常の**

■2■ 接尾辞⑫ -al（形容詞化）

① 地球的な	② 精神の、心の	③ 自然の
④ 中立の、中性の	-al（形容詞化）	⑤ 可能な、潜在的な
⑥ 型にはまった、伝統的な	⑦ 表面の、表面的な	⑧ 霊的な、精神的な

PART 5 接尾辞パズル(2)

【答え】

① global	② mental	③ natural
④ neutral	—	⑤ potential
⑥ conventional	⑦ superficial	⑧ spiritual

【言葉のなりたち】

① **global**：glob(地球)al(形容詞化)→**地球的な**
② **mental**：ment(心)al(形容詞化)→**精神の、心の**
③ **natural**：natur(生まれる)al(形容詞化)→**自然の**
④ **neutral**：neuter(中性)al(形容詞化)→**中立の、中性の**
⑤ **potential**：potent(力がある)ial(形容詞化)→**可能な、潜在的な**
⑥ **conventional**：convention(しきたり)al(形容詞化)→**型にはまった、伝統的な**
⑦ **superficial**：super(上に)fic(顔)ial(形容詞化)→**表面の、表面的な**
⑧ **spiritual**：spirit(霊魂)al(形容詞化)→**霊的な、精神的な**

■3■ 接尾辞⑬ -ical（形容詞化）

① 化学の	② 物質の、身体の	③ 批判的な、危機の
④ 政治の	-ical （形容詞化）	⑤ 熱帯の
⑥ 典型的な	⑦ 根本的な、過激な	⑧ 歴史上の

PART 5 接尾辞パズル(2)

【答え】

① chemical	② physical	③ critical
④ political	—	⑤ tropical
⑥ typical	⑦ radical	⑧ historical

【言葉のなりたち】
① chemical：chemistry(化学)cal(形容詞化)→化学の
② physical：physics(物理学)ical(形容詞化)→物質の、身体の
③ critical：crit(裁判官)ical(形容詞化)→批判的な、危機の
④ political：polit(市民)ical(形容詞化)→政治の
⑤ tropical：tropic(回帰線)ical(形容詞化)→回帰線の、熱帯の
⑥ typical：type(しるし)ical(形容詞化)→典型的な
⑦ radical：radix(根)ical(形容詞化)→根本的な、過激な
⑧ historical：history(歴史)ical(形容詞化)→歴史上の

■4■ 接尾辞⑭ -ive（形容詞化）

① 活発な	② 受け身の	③ 否定的な
④ 攻撃的な	-ive （形容詞化）	⑤ 代わりの
⑥ 保守的な	⑦ 排他的な	⑧ 代表的な

【答え】

① active	② passive	③ negative
④ aggressive	—	⑤ alternative
⑥ conservative	⑦ exclusive	⑧ representative

【言葉のなりたち】

① **active**：act(行動する)ive(形容詞化)→**活発な**
② **passive**：pass(苦しまされる)ive(形容詞化)→**受け身の**
③ **negative**：negat(否定する)ive(形容詞化)→**否定的な、消極的な**
④ **aggressive**：aggress(攻撃する)ive(形容詞化)→**攻撃的な、積極的な**
⑤ **alternative**：alternate(交替する)ive(形容詞化)→**代わりの、名二者択一**
⑥ **conservative**：conserve(保存する)ative(形容詞化)→**保守的な**
⑦ **exclusive**：exclude(除外する)ive(形容詞化)→**排他的な**
⑧ **representative**：represent(代表する)ative(形容詞化)→**代表的な、名代表者**

■5■ 接尾辞⑮ -ous（形容詞化）

① 有名な	② 神経質な	③ 多数の
④ 目立つ	-ous（形容詞化）	⑤ 先の
⑥ 巨大な	⑦ 心配している	⑧ 好奇心に満ちた

PART 5　接尾辞パズル(2)

【答え】

① famous	② nervous	③ numerous
④ obvious	—	⑤ previous
⑥ enormous	⑦ anxious	⑧ curious

【言葉のなりたち】

① **famous**：fame(名声)ous(～に満ちている)→**有名な**
② **nervous**：nerve(神経)ous(～に満ちている)→**神経の、神経質な**
③ **numerous**：numer(数)ous(～に満ちている)→**多数の**
④ **obvious**：ob(～の上に)vi(道)ous(～に満ちている)→道の上に出ている→**目立つ**
⑤ **previous**：pre(前に)vi(道)ous(形容詞化)→前の道を行く→**先の**
⑥ **enormous**：e(=ex: 外に)norm(標準)ous(形容詞化)→けたはずれの→**巨大な**
⑦ **anxious**：anxi(不安な)ous(～に満ちている)→**心配している**
⑧ **curious**：curi(関心)ous(～に満ちている)→**好奇心に満ちた**

■6■ 接尾辞⑯ -ent（形容詞化）

① 明らかな	② 永続する	③ 流暢な
④ 素晴らしい	-ent（形容詞化）	⑤ 無罪の
⑥ 壮大な	⑦ 便利な	⑧ 用心深い

【答え】

① evident	② permanent	③ fluent
④ excellent	―	⑤ innocent
⑥ magnificent	⑦ convenient	⑧ prudent

【言葉のなりたち】

① **evident**：e(=ex:外に)vid(見る)ent(形容詞化)→すっかり見えている→**明らかな**

② **permanent**：per(通して)manent(残る)→ずっと残る→**永続する**

③ **fluent**：flu(流れる)ent(形容詞化)→**流暢な**

④ **excellent**：ex(外に)cell(そびえている)ent(形容詞化)→**素晴らしい**

⑤ **innocent**：in(否定)nocent(害する)→**害のない、無罪の**

⑥ **magnificent**：magni(大きく)fic(する)ent(形容詞化)→**壮大な**

⑦ **convenient**：con(共に)veni(来る)ent(形容詞化)→みんな集まる→**便利な**

⑧ **prudent**：pru(前に)dent(見る)→事前に見ておく→**用心深い**

■7■ 接尾辞⑰ -ly（副詞化）

① おそらく	② 完全に	③ 現実に、実際に
④ 正しく	-ly（副詞化）	⑤ ただちに
⑥ 徐々に	⑦ 最近	⑧ 頻繁に

PART 5 接尾辞パズル(2)

【答え】

① probably	② entirely	③ actually
④ exactly	—	⑤ immediately
⑥ gradually	⑦ recently	⑧ frequently

【言葉のなりたち】
① **probably**：probab(ありそうな)ly(副詞化)→**おそらく、多分**
② **entirely**：entire(完全な)ly(副詞化)→**完全に、全く**
③ **actually**：actual(現実の)ly(副詞化)→**現実に、実際に**
④ **exactly**：exact(正しい)ly(副詞化)→**正しく**
⑤ **immediately**：im(否定)mediate(中間)ly(副詞化)→あきなく→**ただちに**
⑥ **gradually**：gradual(徐々の)ly(副詞化)→**徐々に**
⑦ **recently**：recent(まだ新しい)ly(副詞化)→**最近**
⑧ **frequently**：frequent(頻繁な)ly(副詞化)→**頻繁に**

■8■ 接尾辞⑱ -ate（動詞化）

① 真価を認める	② 指し示す、示す	③ 場所を定める
④ 調整する	-ate（動詞化）	⑤ 蓄積する
⑥ 魅惑する	⑦ よく調べる、捜査する	⑧ 刺激する

【答え】

① appreciate	② indicate	③ locate
④ coordinate	—	⑤ accumulate
⑥ fascinate	⑦ investigate	⑧ stimulate

【言葉のなりたち】

① **appreciate**：ap（〜に）preci（値段）ate（動詞化）→ **価値（真価）を認める**

② **indicate**：in（中に）dic（言う）ate（動詞語尾）→ 中を指し示す→ **指し示す、示す**

③ **locate**：loc（場所）ate（動詞化）→ **場所を定める**

④ **coordinate**：co（共に）ordinate（配置する）→ **調整する、同等の**

⑤ **accumulate**：ac（〜に）cumulate（積み重ねる）→ **蓄積する**

⑥ **fascinate**：fascin（魔法）ate（動詞化）→ 魔法をかける→ **魅惑する**

⑦ **investigate**：in（中に）vestigate（あとを追う）→ **よく調べる、捜査する**

⑧ **stimulate**：stimul（突き棒）ate（動詞化）→ 突き棒で家畜を駆る→ **刺激する**

■9■ 接尾辞⑲ -fy（動詞化）

① 正当化する	② 同一とみなす	③ 浄化する
④ 単純にする	-fy（動詞化）	⑤ 資格を与える
⑥ 分類する	⑦ 満足させる	⑧ 意味する、示す

PART 5　接尾辞パズル(2)

【答え】

① justify	② identify	③ purify
④ simplify	—	⑤ qualify
⑥ classify	⑦ satisfy	⑧ signify

【言葉のなりたち】
① **justify**：justi(正しい)fy(動詞化)→**正当化する**
② **identify**：identity(同一)ify(動詞化)→同一にする→**同一とみなす**
③ **purify**：pure(純粋な)ify(動詞化)→**浄化する、精錬する**
④ **simplify**：simple(単純な)ify(動詞化)→**単純にする**
⑤ **qualify**：quali(資格)fy(動詞化)→**資格を与える**
⑥ **classify**：class(等級)ify(動詞化)→**等級に分ける、分類する**
⑦ **satisfy**：satis(十分な)fy(動詞化)→**満足させる**
⑧ **signify**：sign(印)ify(動詞化)→印をつける→**意味する、示す**

■ 10 ■ 接尾辞⑳ -ize（動詞化）

① 記憶する、暗記する	② それと認める	③ 実現する
④ 文明化する	-ize（動詞化）	⑤ 一般化する
⑥ 組織化する	⑦ 象徴する	⑧ 利用する

【答え】

① memorize	② recognize	③ realize
④ civilize	—	⑤ generalize
⑥ organize	⑦ symbolize	⑧ utilize

【言葉のなりたち】

① **memorize**：memor(覚えている)ize(動詞化)→**記憶する、暗記する**

② **recognize**：re(再び)cognize(知る)→**それと認める**

③ **realize**：real(現実の)ize(動詞化)→**実現する**

④ **civilize**：civil(礼儀正しい)ize(動詞化)→**文明化する**

⑤ **generalize**：general(一般的な)ize(動詞化)→**一般化する**

⑥ **organize**：organ(器官、機関)ize(動詞化)→**組織化する**

⑦ **symbolize**：symbol(象徴)ize(動詞化)→**象徴する**

⑧ **utilize**：utile(有用)ize(動詞化)→**利用する**

PENGUISH ⑥

> You say I have a fantastic imagination, but in truth I am the owner of an extremely scientific mind.

> You are a typical self-satisfying dreamer.

「君は僕を空想的な性格だって言うが、僕は極めて科学的な思考の持ち主だ」
「典型的な素晴らしい夢想家だよ！」

■fantastic（→ p.105）■scientific（→ p.105）
■typical（→ p.109）■satisfy（→ p.121）

PART 6
語根パズル（1）

　単語の頭が「接頭辞」、しっぽが「接尾辞」だとすれば、胴体部分が「語根要素」ということになる。例えばテレビ番組のタイトルで有名になった「unbelievable」という言葉を例にとると、un/believ/able と分解できる。真ん中の「believ」のところが言うまでもなく「語根要素」である。語根には、どういうわけか動詞が多い。今回扱う「行う、言う、導く」などは、すべて動詞である。言葉は動的なイメージから生まれるものなのかもしれない。例えば、professor は「pro（前で）fess（言う）or（人）」=「人の前で話す人」から「教授」の意味になった。そして、みんなの前で堂々と話せるのが、その道のプロ（professional）というわけだ。

- ■1■　語根①〈act〉（行う）
- ■2■　語根②〈dict/dex〉（言う）
- ■3■　語根③〈duce/duct〉（導く）
- ■4■　語根④〈form〉（形づくる）
- ■5■　語根⑤〈lect〉（集める、選ぶ、読む）
- ■6■　語根⑥〈mit/mis〉（送る、運ぶ）
- ■7■　語根⑦〈port〉（運ぶ、港）
- ■8■　語根⑧〈press〉（圧する）
- ■9■　語根⑨〈spect〉（見る）
- ■10■　語根⑩〈tend〉（張り伸ばす）

■1■　語根①〈act〉（行う）

① 行動	② 活発な	③ 活動
④ 現実の、実際の	〈act〉（行う）	⑤ 正確な
⑥ 反応	⑦ 男優	⑧ 女優

PART 6　語根パズル(1)

【答え】

① action	② active	③ activity
④ actual	—	⑤ exact
⑥ reaction	⑦ actor	⑧ actress

【言葉のなりたち】

① **action**：act(行う)ion(名詞化)→**行動**
② **active**：act(行う)ive(形容詞化)→**活発な**
③ **activity**：active(活動的な)ity(名詞化)→**活動**
④ **actual**：act(行う)ual(関する)→**現実の、実際の**
⑤ **exact**：ex(外に)act(行う)→完全に仕上げる→**正確な**
⑥ **reaction**：react(反応する)ion(名詞化)→**反応**
⑦ **actor**：act(演ずる)or(人)→**男優**
⑧ **actress**：act(演ずる)ress(女性)→**女優**

■2■ 語根② 〈dict/dex〉(言う)

① 予言する	② 口述	③ 独裁者
④ 辞書	〈dict/dex〉(言う)	⑤ 矛盾する
⑥ 指し示す、示す	⑦ 指標、索引	⑧ 条件、状態

PART 6　語根パズル(1)

【答え】

① predict	② dictation	③ dictator
④ dictionary	—	⑤ contradict
⑥ indicate	⑦ index	⑧ condition

【言葉のなりたち】

① predict：pre(事前に)dict(言う)→**予言する**

② dictation：dict(言う)ate(動詞語尾)ion(名詞化)→**口述、書き取り**

③ dictator：dict(言う)ate(動詞語尾)or(人)→命ずる人→**独裁者**

④ dictionary：dict(言う)ion(こと)ary(名詞語尾)→言葉を集めたもの→**辞書**

⑤ contradict：contra(反対して)dict(言う)→**否定する、矛盾する**

⑥ indicate：in(中に)dicate(言う)→中に向かって言う→**指し示す、示す**

⑦ index：in(中に)dex(言う)→中に向かって言う→**指標、索引**

⑧ condition：con(共に)dition(言うこと)→話し合うこと→**条件、状態**

■3■ 語根③〈duce/duct〉(導く)

① 紹介する	② 生産する	③ 帰納する
④ 演繹する	〈duce/duct〉(導く)	⑤ 減らす
⑥ 教育する	⑦ 指揮する	⑧ 生産性

PART 6 語根パズル(1)

【答え】

① introduce	② produce	③ induce
④ deduce	―	⑤ reduce
⑥ educate	⑦ conduct	⑧ productivity

【言葉のなりたち】
① **introduce**：intro(中へ)duce(導く)→**紹介する**
② **produce**：pro(前に)duce(導く)→前面に導き出す→**生産する**
③ **induce**：in(中に)duce(導く)→**勧めて〜させる、帰納する**
④ **deduce**：de(下へ)duce(導く)→上から下に導く→**演繹する**
⑤ **reduce**：re(後ろに)duce(導く)→元に導き戻す→**帰する、減らす**
⑥ **educate**：e(=ex:外に)ducate(導く)→能力を引き出す→**教育する**
⑦ **conduct**：con(共に)duct(導く)→**指揮する**
⑧ **productivity**：product(製品)ive(形容詞化)ity(名詞化)→**生産性**

■4■ 語根④ 〈form〉(形づくる)

① 知らせる	② 変形する	③ 制服
④ 改革する	〈form〉(形づくる)	⑤ 公式の
⑥ 公式	⑦ 構成、編成	⑧ 情報

PART 6 語根パズル(1)

【答え】

① inform	② transform	③ uniform
④ reform	—	⑤ formal
⑥ formula	⑦ formation	⑧ information

【言葉のなりたち】

① inform：in(中に)form(形づくる)→人の心の中に形成する→**知らせる、伝える**
② transform：trans(越えて)form(形づくる)→形を移す→**変形する**
③ uniform：uni(1つの)form(形)→**同形の、制服**
④ reform：re(再び)form(形づくる)→**改革する**
⑤ formal：form(形)al(形容詞化)→**公式の、形式上の**
⑥ formula：form(形)ula(小さい)→小さな形→**決まり文句、公式**
⑦ formation：form(形づくる)ation(名詞化)→**構成、編成**
⑧ information：inform(知らせる)ation(名詞化)→知らせること→**情報**

■5■ 語根⑤〈lect〉(集める、選ぶ、読む)

① 収集する	② 選び出す	③ 選挙する
④ 知性、知力	〈lect〉(集める、選ぶ、読む)	⑤ 無視する
⑥ 講義	⑦ 思い出す	⑧ (単科)大学

PART 6　語根パズル(1)

【答え】

① collect	② select	③ elect
④ intellect	―	⑤ neglect
⑥ lecture	⑦ recollect	⑧ college

【言葉のなりたち】
① **collect**：col(共に)lect(集める)→ひとつに集める→**収集する**
② **select**：se(分離)lect(選ぶ)→**選び出す**
③ **elect**：e(=ex: 外に)lect(選ぶ)→選び出す→**選挙する**
④ **intellect**：intel(間で)lect(選ぶ)→選び分ける能力→**知性、知力**
⑤ **neglect**：neg(=ne: 否定)lect(拾い上げる)→拾い上げない→**(故意に)無視する**
⑥ **lecture**：lect(読む)ure(名詞化)→読むこと→**講義**
⑦ **recollect**：re(再び)col(共に)lect(集める)→**思い出す**
⑧ **college**：col(共に)lege(選ぶ)→一緒に選ばれた同僚の集まり→**(単科)大学**

■6■ 語根⑥〈mit/mis〉(送る、運ぶ)

① 入学を許可する、認める	② 許可する	③ 委託する、罪を犯す
④ 約束する	〈mit/mis〉(送る、運ぶ)	⑤ 妥協する
⑥ 伝言	⑦ 使命、使節	⑧ 解雇する

PART 6 語根パズル(1)

【答え】

① admit	② permit	③ commit
④ promise	—	⑤ compromise
⑥ message	⑦ mission	⑧ dismiss

【言葉のなりたち】

① admit：ad(〜に)mit(送る)→送り込む→**入学(入場)を許可する、認める**
② permit：per(通して)mit(送る)→通らせる→**許可する**
③ commit：com(共に)mit(送る)→ゆだねる→**委託する、罪を犯す**
④ promise：pro(前に)mise(送る)→目の前に送る→**約束(する)**
⑤ compromise：com(共に)promise(約束する)→一緒に約束する→**妥協する、妥協案**
⑥ message：mes(送られた)age(名詞化)→送られたもの→**伝言、通信**
⑦ mission：miss(送る)ion(名詞化)→使命を持って送られること→**使命、使節**
⑧ dismiss：dis(分離)miss(送る)→去らせる→**解雇する**

■7■ 語根⑦〈port〉(運ぶ、港)

① 輸入する	② 輸出する	③ 支持する
④ 報告する	〈port〉(運ぶ、港)	⑤ 輸送する
⑥ 持ち運びできる	⑦ 気晴らし	⑧ 好機、機会

PART 6 語根パズル(1)

【答え】

① import	② export	③ support
④ report	—	⑤ transport
⑥ portable	⑦ sport	⑧ opportunity

【言葉のなりたち】
① import：im(中に)port(運ぶ)→**輸入する**
② export：ex(外に)port(運ぶ)→外に運び出す→**輸出する**
③ support：sup(=sub:下で)port(運ぶ)→下から支える→**支持する**
④ report：re(後ろへ)port(運ぶ)→**伝える、報告する**
⑤ transport：trans(越えて)port(運ぶ)→向こうに運ぶ→**輸送する**
⑥ portable：port(運ぶ)able(できる)→**持ち運びできる、携帯用の**
⑦ sport：s(=dis:分離)port(運ぶ)→気をまぎらわすもの→**気晴らし、スポーツ**
⑧ opportunity：op(〜に)portune(港)ity(名詞化)→港に向かって風が吹く状態→**好機、機会**

139

■8■ 語根⑧ 〈press〉（圧する）

① 表現する	② 表現、表情	③ 印象、感銘
④ 不景気、憂鬱	〈press〉（圧する）	⑤ 圧迫、圧力
⑥ 圧迫する	⑦ 鎮圧する	⑧ 圧搾する

PART 6　語根パズル(1)

【答え】

① express	② expression	③ impression
④ depression	—	⑤ pressure
⑥ oppress	⑦ suppress	⑧ compress

【言葉のなりたち】

① express：ex(外に)press(押す)→表に押し出す→**表現する**

② expression：express(表現する)ion(名詞化)→**表現、表情**

③ impression：impress(印象を与える)ion(名詞化)→**印象、感銘**

④ depression：de(下に)press(圧する)ion(名詞化)→**不景気、憂鬱**

⑤ pressure：press(圧する)ure(名詞化)→**圧迫、圧力**

⑥ oppress：op(〜に対して)press(圧する)→**圧迫する、服従させる**

⑦ suppress：sup(下へ)press(圧する)→**鎮圧する、抑圧する**

⑧ compress：com(強意)press(圧する)→**押しつける、圧搾する**

■9■ 語根⑨〈spect〉(見る)

① 尊敬する	② 見込み、期待	③ 回顧する
④ 外観、面	〈spect〉(見る)	⑤ 検査する、視察する
⑥ 予期する、期待する	⑦ 怪しむ、疑いをかける	⑧ 遠近法

PART 6　語根パズル(1)

【答え】

① respect	② prospect	③ retrospect
④ aspect	―	⑤ inspect
⑥ expect	⑦ suspect	⑧ perspective

【言葉のなりたち】

① **respect**：re(再び)spect(見る)→ふり返ってみる→**尊敬(する)**
② **prospect**：pro(前を)spect(見る)→**見込み、期待**
③ **retrospect**：retro(後ろを)spect(見る)→**回顧する**
④ **aspect**：a(～を)spect(見る)→**外観、面**
⑤ **inspect**：in(中を)spect(見る)→**検査する、視察する**
⑥ **expect**：ex(外を)spect(見る)→期待して見る→**予期する、期待する**
⑦ **suspect**：sus(=sub:下に)spect(見る)→疑って見る→**怪しむ、疑いをかける**
⑧ **perspective**：per(通じて)spect(見る)ive(活用語尾)→見通す→**遠近法(の)**

143

■10■ 語根⑩〈tend〉(張り伸ばす)

① 伸ばす、延長する	② 世話する、出席する	③ ふりをする
④ ～するつもりである	〈tend〉(張り伸ばす)	⑤ 意図
⑥ 緊張	⑦ ～する傾向がある	⑧ 傾向

PART 6 語根パズル(1)

【答え】

① extend	② attend	③ pretend
④ intend	—	⑤ intention
⑥ tension	⑦ tend	⑧ tendency

【言葉のなりたち】

① **extend**：ex(外に)tend(張り伸ばす)→**伸ばす、延長する**
② **attend**：at(〜に)tend(張り伸ばす)→心を〜に向ける→**世話する、出席する**
③ **pretend**：pre(前に)tend(広げる)→前に広げて見せる→**見せかける、ふりをする**
④ **intend**：in(〜の方に)tend(張り伸ばす)→〜の方に心を伸ばす→**〜するつもりである**
⑤ **intention**：intend(意図する)tion(名詞化)→**意図、目的**
⑥ **tension**：tens(張り伸ばす)ion(名詞化)→**緊張、張力**
⑦ **tend**：tend(張り伸ばす)→向ける→**〜する傾向がある**
⑧ **tendency**：tend(〜する傾向がある)ency(名詞化)→**傾向、性向**

PENGUISH ⑦

> Let me introduce you to my new invention. It's a portable machine for educating fish. All you have to do is put it in the water, and…

> One thing's easy to predict. You're never going to see that again.

「紹介しよう！ 僕の発明した魚を教育するポータブル・マシンだ。これを海に沈めると……」
「僕は予言しよう。それは回収不可能だな」

■introduce （→ p.131） ■portable （→ p.139）
■educate （→ p.131） ■predict （→ p.129）

PART 7
語根パズル (2)

「語根」とうまく付き合うには、柔軟な心が必要だ。なぜかというと、「語根」は時代や地方によって、少しずつ形を変える場合があるからだ。例えば、force という言葉は fort と形を変えることが多い。effort の場合を例にとると、「ef(=ex: 外に)fort(力)→力を出す→努力」と分析できる。fort の背後に force を感じ、quire の背後に quest を感じ取れるようになれば、単語の奥行きをもっともっと楽しむことができるようになる。では、語感を育てる語根の学習を続けよう。

- ■1■ 語根⑪ 〈fact/fac/fic〉（作る、行う）
- ■2■ 語根⑫ 〈fer〉（運ぶ）
- ■3■ 語根⑬ 〈fin〉（終わり）
- ■4■ 語根⑭ 〈man/main/men〉（手）
- ■5■ 語根⑮ 〈pend/pens〉（ぶら下がる）
- ■6■ 語根⑯ 〈pos〉（置く）
- ■7■ 語根⑰ 〈quest/quire/quisit〉（求める）
- ■8■ 語根⑱ 〈st/sta〉（立つ）
- ■9■ 語根⑲ 〈struct/stro〉（建てる）
- ■10■ 語根⑳ 〈tain/ten/tin〉（保つ）

■1■ 語根⑪ 〈fact/fac/fic〉（作る、行う）

① 工場	② 要因	③ 能力、学部
④ 党派	〈fact/fac/fic〉（作る、行う）	⑤ 難しい
⑥ 有効な	⑦ 壮大な	⑧ 事柄、問題

PART 7 語根パズル(2)

【答え】

① factory	② factor	③ faculty
④ faction	—	⑤ difficult
⑥ efficient	⑦ magnificent	⑧ affair

【言葉のなりたち】
① **factory**：fact(作る)ory(場所)→**工場**
② **factor**：fact(作る)or(もの)→**要因**
③ **faculty**：facul(しやすい)ty(名詞化)→**能力、学部**
④ **faction**：fact(作る)ion(名詞化)→集まって作ったもの→**党派**
⑤ **difficult**：dif(=dis: 否定)ficult(作る)→作れない→**難しい**
⑥ **efficient**：ef(=ex: 外に)fic(する)ient(活用語尾)→効果が表に出る→**有効な**
⑦ **magnificent**：magni(大きな)ficent(作る)→**壮大な、素晴らしい**
⑧ **affair**：af(〜に)fair(行う)→**事柄、問題**

■2■ 語根⑫〈fer〉(運ぶ)

① 提供する	② 異なる	③ ～のほうを好む
④ 言及する、参照する	〈fer〉(運ぶ)	⑤ 移動する、譲渡する
⑥ 被る、苦しむ	⑦ 無関心	⑧ 言及、参考文献

PART 7　語根パズル(2)

【答え】

① offer	② differ	③ prefer
④ refer	—	⑤ transfer
⑥ suffer	⑦ indifference	⑧ reference

【言葉のなりたち】
① offer：of(そばに)fer(持って行く)→**提供する**
② differ：dif(=dis:分離)fer(運ぶ)→別々に運ぶ→**異なる**
③ prefer：pre(前に)fer(運ぶ)→**〜のほうを好む**
④ refer：re(元に)fer(運ぶ)→**言及する、参照する**
⑤ transfer：trans(越えて)fer(運ぶ)→**移動(する)、譲渡(する)**
⑥ suffer：suf(=sub:下に)fer(運ぶ)→重荷に耐えて運ぶ→**被る、苦しむ**
⑦ indifference：in(否定)difference(相違)→**差がない、無関心**
⑧ reference：refer(言及する)ence(名詞化)→**言及、参考文献**

■3■ 語根⑬〈fin〉（終わり）

① 最後の	② 定義する	③ 閉じ込める
④ 精製する	〈fin〉 （終わり）	⑤ 罰金
⑥ 財務、財政	⑦ 無限の	⑧ 定義

【答え】

① final	② define	③ confine
④ refine	—	⑤ fine
⑥ finance	⑦ infinite	⑧ definition

【言葉のなりたち】
① **final**：fin(終わり)al(形容詞化)→**最後の**
② **define**：de(下に)fine(終わり)→限界をおく→**定義する**
③ **confine**：con(強意)fine(境界)→境界をつける→**制限する、閉じ込める**
④ **refine**：re(再び)fine(終わり)→再び仕上げる→**精錬する、精製する**
⑤ **fine**：fine(終わり)→後始末の金→**罰金**
⑥ **finance**：fin(終わり)ance(名詞化)→結末をつけること→資金の管理→**財務、財政**
⑦ **infinite**：in(否定)finite(有限の)→**無限の**
⑧ **definition**：define(定義する)ition(名詞化)→**定義**

■4■ 語根⑭〈man/main/men〉(手)

① 経営する	② 指揮する	③ 手の、手引書
④ 方法、態度	〈man/main/men〉(手)	⑤ 製造する
⑥ 原稿	⑦ 維持する	⑧ 推薦する

PART 7 語根パズル(2)

【答え】

① manage	② command	③ manual
④ manner	—	⑤ manufacture
⑥ manuscript	⑦ maintain	⑧ recommend

【言葉のなりたち】
① **manage**：man(手)age(動詞化)→**操縦する、経営する**
② **command**：com(共に)mand(手で指図する)→**指揮する**
③ **manual**：manu(手)al(形容詞化)→**手の、手引書**
④ **manner**：man(手)ner(活用語尾)→扱い方→**方法、態度**
⑤ **manufacture**：manu(手)facture(作る)→**製造する**
⑥ **manuscript**：manu(手)script(書く)→**原稿、写本**
⑦ **maintain**：main(手)tain(保つ)→手の中に保つ→**維持する**
⑧ **recommend**：re(再び)commend(手で勧める)→**推薦する**

■5■ 語根⑮〈pend/pens〉（ぶら下がる）

① 依存する	② 独立	③ ぶら下げる、一時停止する
④ 懸案の	〈pend/pens〉（ぶら下がる）	⑤ 年金、恩給
⑥ 高価な	⑦ 付録、追加	⑧ 償う

PART 7 語根パズル(2)

【答え】

① depend	② independence	③ suspend
④ pending	—	⑤ pension
⑥ expensive	⑦ appendix	⑧ compensate

【言葉のなりたち】

① **depend**：de(下に)pend(ぶら下がる)→**依存する**
② **independence**：in(否定)de(下に)pend(ぶら下がる)ence(名詞化)→従属しないこと→**独立**
③ **suspend**：sus(=sub: 下に)pend(つるす)→**ぶら下げる、一時停止する**
④ **pending**：pend(ぶら下がる)ing(活用語尾)→**未決のままの、懸案の**
⑤ **pension**：pens(ぶら下げて計る)ion(名詞化)→計って支払う→**年金、恩給**
⑥ **expensive**：ex(外に)pens(計る)ive(形容詞化)→お金がかかる→**高価な**
⑦ **appendix**：ap(〜に)pendix(付いているもの)→**付録、追加**
⑧ **compensate**：com(共に)pensate(ぶら下げる)→負担を同等にする→**償う**

■6■ 語根⑯ 〈pos〉(置く)

① 構成する	② 陳列する	③ 提案する
④ 仮定する	〈pos〉(置く)	⑤ 課する
⑥ 積極的な	⑦ 正反対の	⑧ 目的

【答え】

① compose	② expose	③ propose
④ suppose	—	⑤ impose
⑥ positive	⑦ opposite	⑧ purpose

【言葉のなりたち】

① **compose**：com(共に)pose(置く)→一緒に置く→**構成する**

② **expose**：ex(外に)pose(置く)→**陳列する**

③ **propose**：pro(前に)pose(置く)→**提案する**

④ **suppose**：sup(=sub: 下に)pose(置く)→前提として置く→**仮定する、推測する**

⑤ **impose**：im(上に)pose(置く)→人の上に乗せる→**課する**

⑥ **positive**：pos(置く)itive(形容詞化)→位置の定まった→**明確な、積極的な**

⑦ **opposite**：op(反対して)posite(置かれた)→**正反対の、反対物**

⑧ **purpose**：pur(=pro: 前に)pose(置く)→**目的**

■ 7 ■ 語根⑰ 〈quest/quire/quisit〉(求める)

① 頼む、要請	② 要求する	③ 獲得する
④ 調査する、問い合わせる	〈quest/quire/quisit〉(求める)	⑤ 調査、照会
⑥ 征服する	⑦ 征服	⑧ 獲得、習得

PART 7 語根パズル(2)

【答え】

① request	② require	③ acquire
④ inquire	—	⑤ inquiry
⑥ conquer	⑦ conquest	⑧ acquisition

【言葉のなりたち】
① **request**：re(再び)quest(求める)→頼む、要請
② **require**：re(再び)quire(求める)→要求する
③ **acquire**：ac(=ad:〜に)quire(求める)→〜を求めようとする→獲得する
④ **inquire**：in(中に)quire(求める)→求めて入っていく→調査する、問い合わせる
⑤ **inquiry**：inquire(調査する)y(名詞化)→調査、照会
⑥ **conquer**：con(完全に)quer(求める)→打ち勝つ、征服する
⑦ **conquest**：conquer(征服する)est(活用語尾)→征服
⑧ **acquisition**：ac(〜に)quisit(求める)ion(名詞化)→獲得、習得

■8■ 語根⑱ 〈st/sta〉（立つ）

① 対照	② 一定の	③ 例、場合
④ 実体、物質	〈st/sta〉（立つ）	⑤ 恍惚
⑥ 据え付ける、設置する	⑦ 設立する	⑧ 地所、財産

【答え】

① contrast	② constant	③ instance
④ substance	—	⑤ ecstasy
⑥ install	⑦ establish	⑧ estate

【言葉のなりたち】

① **contrast**：contra(反対して)st(立つ)→**対照(する)、対比**
② **constant**：con(共に)stant(立っている)→変わらず立つ→**不変の、一定の**
③ **instance**：in(近くに)stance(立つ)→**例、場合**
④ **substance**：sub(下に)stance(立つ)→現象の基底にあるもの→**実体、物質**
⑤ **ecstasy**：ec(=ex:外に)stasy(立っている)→本来の自分の外に立つ→**恍惚**
⑥ **install**：in(中に)stall(立てる)→**据え付ける、設置する**
⑦ **establish**：(e)stable(安定した)ish(動詞化)→安定させる→**設立する**
⑧ **estate**：(e)st(立つ)ate(活用語尾)→立っている状態→**地所、財産**

■9■ 語根⑲〈struct/stro〉(建てる)

① 組み立てる	② 教える、指示する	③ 器具、楽器
④ 破壊する	〈struct/stro〉(建てる)	⑤ 妨害(物)
⑥ 破壊	⑦ 教育、指図	⑧ 建設、構造

PART 7　語根パズル(2)

【答え】

① construct	② instruct	③ instrument
④ destroy	—	⑤ obstruction
⑥ destruction	⑦ instruction	⑧ construction

【言葉のなりたち】

① construct：con(共に)struct(建てる)→**組み立てる**
② instruct：in(中に)struct(建てる)→心の中に築く→**教える、指示する**
③ instrument：instru(建てる)ment(名詞化)→建てるための道具→**器具、楽器**
④ destroy：de(下へ)stroy(建てる)→**打ち砕く、破壊する**
⑤ obstruction：ob(反対して)struct(建てる)ion(名詞化)→反対して築いたもの→**妨害(物)**
⑥ destruction：de(下へ)struct(建てる)ion(名詞化)→**破壊**
⑦ instruction：instruct(教える)ion(名詞化)→**教育、指図**
⑧ construction：construct(組み立てる)ion(名詞化)→**建設、構造**

■ 10 ■ 語根⑳〈tain/ten/tin〉(保つ)

① 含む	② もてなす	③ 手に入れる
④ 保有する	〈tain/ten/tin〉(保つ)	⑤ 維持する
⑥ 支える	⑦ 持続する	⑧ 借地人

【答え】

① contain	② entertain	③ obtain
④ retain	—	⑤ maintain
⑥ sustain	⑦ continue	⑧ tenant

【言葉のなりたち】

① **contain**：con(共に)tain(保つ)→**含む、収容する**
② **entertain**：enter(間で)tain(保つ)→家の中に保つ→**もてなす**
③ **obtain**：ob(〜に)tain(保つ)→**手に入れる、獲得する**
④ **retain**：re(後方に)tain(保つ)→**保有する、維持する**
⑤ **maintain**：main(手)tain(保つ)→手の中に保つ→**維持する**
⑥ **sustain**：sus(上に)tain(保つ)→持ち上げる→**支える、維持する**
⑦ **continue**：con(共に)tinue(保つ)→**持続する、続く**
⑧ **tenant**：ten(保つ)ant(人)→土地を保持する人→**借地人**

PENGUISH ⑧

> The main factor in our failure to maintain slim bodies can be blamed on a diet that depends on fish!

> You're right there. It's never easy to continue with a diet...

「僕らがスリムな体型を維持できない要因は、魚に依存する食習慣のせいだ」
「うん、ダイエットを持続するのはつらいよね」

■factor (→ p.149) ■maintain (→ p.155)
■depend (→ p.157) ■continue (→ p.167)

PART 8
語根パズル (3)

　語源を調べていると、言葉は生き物なのだとつくづく思うようになる。例えば、demonstrate という動詞をじっと見ていると、真ん中に怪獣 (monster) がひそんでいるのが見えてくる。de/monstr/ate というわけだ。分析すると、「de(強意)monstr(警告する)ate(動詞語尾)→十分に示す→論証する」となる。monster は「monstr(警告する)er(もの)」から「威嚇するもの→怪獣」となった言葉だ。そう言えば、デモ行進 (demonstration) は、英語的に言えば、人間が怪獣化したものと言えるかもしれない。

- ■1■ 　語根㉑　〈ceed/cede/cess〉（行く）
- ■2■ 　語根㉒　〈ceive/cept/cipate〉（取る）
- ■3■ 　語根㉓　〈gener/gen〉（生む、生まれ）
- ■4■ 　語根㉔　〈ply/plen/pli〉（満たす、重ねる）
- ■5■ 　語根㉕　〈sist/stitut〉（立つ）
- ■6■ 　語根㉖　〈tract/treat〉（引く）
- ■7■ 　語根㉗　〈val/vail〉（強い、価値のある）
- ■8■ 　語根㉘　〈vent/ven/venue〉（来る）
- ■9■ 　語根㉙　〈vers/vert〉（回る、回す）
- ■10■　語根㉚　〈vis/vid/vey〉（見る）

■1■ 語根㉑〈ceed/cede/cess〉(行く)

① 超える	② 成功する	③ 前進する
④ 先行する	〈ceed/cede/cess〉(行く)	⑤ 過程
⑥ 接近	⑦ 不景気	⑧ 必要な

PART 8 語根パズル(3)

【答え】

① exceed	② succeed	③ proceed
④ precede	—	⑤ process
⑥ access	⑦ recession	⑧ necessary

【言葉のなりたち】

① exceed：ex(外に)ceed(行く)→超える
② succeed：suc(=sub:下に)ceed(行く)→後ろをついて行く→あとを継ぐ、成功する
③ proceed：pro(前に)ceed(行く)→前進する
④ precede：pre(前に)cede(行く)→先行する
⑤ process：pro(前方へ)cess(行く)→過程、加工(する)
⑥ access：ac(〜に)cess(行く)→〜に近づいて行くこと→接近
⑦ recession：re(後ろへ)cess(行く)ion(名詞化)→後退、不景気
⑧ necessary：ne(否定)cess(行く)ary(形容詞化)→譲れない→必要な

■2■ 語根㉒〈ceive/cept/cipate〉(取る)

① 受け取る	② 知覚する	③ 欺く
④ 受け入れる	〈ceive/cept/cipate〉(取る)	⑤ 概念
⑥ ～を除いて	⑦ 参加する	⑧ 予想する

PART 8 語根パズル(3)

【答え】

① receive	② perceive	③ deceive
④ accept	—	⑤ concept
⑥ except	⑦ participate	⑧ anticipate

【言葉のなりたち】
① receive：re(再び)ceive(取る)→**受け取る**
② perceive：per(完全に)ceive(つかむ)→**知覚する**
③ deceive：de(分離)ceive(取る)→だまし取る→**欺く**
④ accept：ac(=ad:〜に)cept(取る)→自分の中に取り入れる→**受け入れる**
⑤ concept：con(共に)cept(取る)→人々が共通して受け取るもの→**概念**
⑥ except：ex(外に)cept(取る)→取り出す→**〜を除いて**
⑦ participate：part(部分)cipate(取る)→部分を受け持つ→**参加する**
⑧ anticipate：ante(前に)cipate(取る)→先取りする→**予想する、先んじる**

■3■ 語根㉓〈gener/gen〉(生む、生まれ)

① 一般的な	② 一世代	③ 本物の
④ 天才	〈gener/gen〉(生む、生まれ)	⑤ 遺伝子
⑥ 発生、起源	⑦ 酸素	⑧ 水素

PART 8 語根パズル(3)

【答え】

① general	② generation	③ genuine
④ genius	—	⑤ gene
⑥ genesis	⑦ oxygen	⑧ hydrogen

【言葉のなりたち】

① **general**：gener（生む）al（形容詞化）→種全体の→**一般的な**
② **generation**：gener（生む）ation（名詞化）→生み出されたもの→**同世代の人々、一世代**
③ **genuine**：genu（生まれ）ine（〜に関する）→生まれつきの→**本物の**
④ **genius**：genius（誕生の守護神）→**天才、非凡な才能**
⑤ **gene**：gene（生む）→**遺伝子**
⑥ **genesis**：gene（生まれ）sis（ギリシャ語の語尾）→**発生、起源**（元はギリシャ語の単語）
⑦ **oxygen**：oxy（酸）gen（生む）→**酸素**
⑧ **hydrogen**：hydro（水）gen（生む）→**水素**

■4■ 語根㉔〈ply/plen/pli〉(満たす、重ねる)

① 応用する	② 供給する	③ ほのめかす
④ 返答する	〈ply/plen/pli〉(満たす、重ねる)	⑤ たくさん
⑥ 達成する	⑦ 単純な	⑧ 複雑な

PART 8　語根パズル(3)

【答え】

① apply	② supply	③ imply
④ reply	—	⑤ plenty
⑥ accomplish	⑦ simple	⑧ complex

【言葉のなりたち】

① apply：ap(〜に)ply(重ねる)→合うように折り重ねる→**応用する**
② supply：sup(十分に)ply(満たす)→**供給する、供給**
③ imply：im(中に)ply(折る)→折りたたむ→**暗に意味する、ほのめかす**
④ reply：re(元に)ply(重ねる)→包んで元に返す→**返答する**
⑤ plenty：plen(満たす)ty(名詞化)→**たくさん、十分**
⑥ accomplish：ac(〜に)com(強意)plish(満たす)→**達成する**
⑦ simple：sim(ひとつに)ple(重ねる)→**単純な**
⑧ complex：com(共に)plex(重ねる)→**複雑な**

■5■ 語根㉕〈sist/stitut〉(立つ)

① ～から成り立つ	② 強く主張する、固執する	③ 主張する
④ 抵抗する	〈sist/stitut〉(立つ)	⑤ 助ける
⑥ 存在する	⑦ 構成する	⑧ 設立する

PART 8 語根パズル(3)

【答え】

① consist	② persist	③ insist
④ resist	—	⑤ assist
⑥ exist	⑦ constitute	⑧ institute

【言葉のなりたち】
① consist：con(共に)sist(立つ)→いくつかの物が一緒になっている→**構成される、〜から成り立つ**
② persist：per(通して)sist(立つ)→ずっと立ち続ける→**強く主張する、固執する**
③ insist：in(上に)sist(立つ)→**主張する**
④ resist：re(反対して)sist(立つ)→**抵抗する**
⑤ assist：as(〜に)sist(立つ)→そばに立つ→**助ける、手伝う**
⑥ exist：ex(外に)sist(立つ)→外に立っている→**(確かに)実在する、存在する**
⑦ constitute：con(共に)stitute(組み立てる)→**構成する、制定する**
⑧ institute：in(中に)stitute(立てる)→**設立する、学会、協会**

■6■ 語根㉖〈tract/treat〉(引く)

① 抽象的な	② 魅惑する	③ 契約
④ 抽出	〈tract/treat〉(引く)	⑤ 引き算する
⑥ 処理する、扱う	⑦ 条約	⑧ 跡、足跡

PART 8 語根パズル(3)

【答え】

① abstract	② attract	③ contract
④ extract	—	⑤ subtract
⑥ treat	⑦ treaty	⑧ trace

【言葉のなりたち】

① abstract：abs(分離)tract(引く)→具体物から引き出す→**抽象(的な)**
② attract：at(=ad: ～に)tract(引く)→何かに引きつける→**魅惑する**
③ contract：con(共に)tract(引く)→取り引きする→**契約(する)**
④ extract：ex(外に)tract(引く)→**抽出(する)**
⑤ subtract：sub(下に)tract(引く)→**減ずる、引き算する**
⑥ treat：treat(引く)→引き回す→**処理する、扱う**
⑦ treaty：treat(処理する)y(名詞化)→**条約**
⑧ trace：tra(引く)ce(活用語尾)→引かれたもの→**跡、足跡**

■7■ 語根㉗〈val/vail〉(強い、価値のある)

① 価値、値段	② 価値ある、貴重な	③ 利用できる、手に入る
④ 普及している	〈val/vail〉(強い、価値のある)	⑤ 評価する
⑥ 有効な、妥当な	⑦ 無効な	⑧ 同等の

【答え】

① value	② valuable	③ available
④ prevail	—	⑤ evaluate
⑥ valid	⑦ invalid	⑧ equivalent

【言葉のなりたち】

① **value**：value（価値ある）→**価値、値段**
② **valuable**：value（価値ある）able（できる）→**価値ある、貴重な**
③ **available**：a（〜に）vail（価値ある）able（できる）→〜に対して価値がある→**利用できる、手に入る**
④ **prevail**：pre（前に）vail（価値ある）→価値が前に出る→**勝る、普及している**
⑤ **evaluate**：e（強意）value（価値）ate（させる）→価値を調べさせる→**評価する**
⑥ **valid**：val（価値ある）id（形容詞化）→効力のある→**有効な、妥当な**
⑦ **invalid**：in（否定）valid（効力のある）→力がない→**無効な、病弱な**
⑧ **equivalent**：equi（等しい）valent（価値ある）→**同等の、同量の**

■8■ 語根㉘〈vent/ven/venue〉(来る)

① 出来事	② 発明する	③ 妨害する
④ 便利な	〈vent/ven/venue〉(来る)	⑤ 集会、因習
⑥ 冒険、冒険的事業	⑦ 歳入	⑧ 大通り

PART 8 語根パズル(3)

【答え】

① event	② invent	③ prevent
④ convenient	—	⑤ convention
⑥ venture	⑦ revenue	⑧ avenue

【言葉のなりたち】
① **event**：e(=ex: 外に)vent(来る)→結果として生じる→**出来事**
② **invent**：in(上に)vent(来る)→何かの上にやって来る→**発明する**
③ **prevent**：pre(前に)vent(来る)→前に出てくる→**妨害する、防ぐ**
④ **convenient**：con(共に)veni(来る)ent(形容詞化)→みんな集まってくる→**便利な、好都合な**
⑤ **convention**：con(共に)vent(来る)ion(名詞化)→集まってくる→**集会、因習**
⑥ **venture**：vent(来る)ure(名詞化)→危険な所に来ること→**冒険、冒険的事業**
⑦ **revenue**：re(再び)venue(来る)→戻ってきた金→**歳入、収入**
⑧ **avenue**：a(〜に)venue(来る)→〜に近づく→**近づく道、大通り**

■9■ 語根㉙〈vers/vert〉(回る、回す)

① 会話	② 宇宙	③ 総合大学
④ 逆にする、逆の	〈vers/vert〉(回る、回す)	⑤ 広告する
⑥ 記念日	⑦ ～版	⑧ 離婚

PART 8 語根パズル(3)

【答え】

① conversation	② universe	③ university
④ reverse	—	⑤ advertise
⑥ anniversary	⑦ version	⑧ divorce

【言葉のなりたち】

① **conversation**：con(共に)vers(回る)ation(名詞化)→話題を交わす→**会話**

② **universe**：uni(1つに)verse(回る)→1つのものとして存在するもの→**宇宙**

③ **university**：uni(1つに)vers(回る)ity(活用語尾)→たくさんの人が1つにまとまっているもの→**総合大学**

④ **reverse**：re(後ろへ)verse(回る)→後ろ向きにする→**逆にする、逆の**

⑤ **advertise**：ad(〜に)vert(向ける)ise(動詞化)→公衆に向ける→**広告する**

⑥ **anniversary**：anni(年)vers(回す)ary(名詞化)→毎年めぐってくるもの→**記念日**

⑦ **version**：vers(回す)ion(名詞化)→回転させるもの→**〜版(バージョン)**

⑧ **divorce**：divertと同語源→別の向きにする→**離婚**

■10■ 語根㉚ 〈vis/vid/vey〉（見る）

① 視覚、視力	② 視覚の	③ 目に見える
④ 改訂する	〈vis/vid/vey〉（見る）	⑤ 助言する
⑥ 監督する	⑦ 用意する	⑧ 調査する

PART 8 語根パズル(3)

【答え】

① vision	② visual	③ visible
④ revise	—	⑤ advise
⑥ supervise	⑦ provide	⑧ survey

【言葉のなりたち】

① **vision**：vis(見る)ion(名詞化)→**視覚、視力**
② **visual**：vis(見る)al(形容詞化)→**視覚の**
③ **visible**：vis(見る)ible(できる)→**目に見える**
④ **revise**：re(再び)vise(見る)→見直す→**改訂する**
⑤ **advise**：ad(〜に)vise(見て言う)→**助言する、忠告する**
⑥ **supervise**：super(上から)vise(見る)→**監督する**
⑦ **provide**：pro(前に)vide(見る)→前もって見る→**用意する**
⑧ **survey**：sur(上から)vey(見る)→**見渡す、調査(する)**

PENGUISH ⑨

> In general, are the genes that produce geniuses restricted to a single generation?

> No. Your son is sure to exceed you...

「天才の遺伝子は、一般的には一世代限りじゃないだろうか……」
「いや、きっと君の息子は君を超えるさ」

■general (→ p.175)　■gene (→ p.175)
■genius (→ p.175)　■generation (→ p.175)　■exceed (→ p.171)

PART 9
発音パズル

　最近、私は大学受験生に 2000 単語を覚えさせるビデオの仕事をした。全 120 本のビデオを収録するのは大変なエネルギーを要した。収録するときに発音を間違えては大変なので、すべての単語の発音を辞書で確認したのだが、中には「こういう発音だったのか！」と改めて驚く単語がいくつもあった。例えば、emigrate は「エミグレイト」だが、migrate は「ミグレイト」ではなく「マイグレイト」であるとか……。この PART は、そんな発見を基にして、発音を間違って覚えやすい単語の代表格を一堂に集めてみた。半ば日本語化して「カタカナ言葉」になっているために足をすくわれる場合も多い。注意深くチャレンジしていただきたい。

- ■1■　第１音節にアクセント①
- ■2■　第１音節にアクセント②
- ■3■　第２音節にアクセント①
- ■4■　第２音節にアクセント②
- ■5■　第３音節にアクセント
- ■6■　発音しない文字（黙字）を含む単語①
- ■7■　発音しない文字（黙字）を含む単語②
- ■8■　数えられない名詞（不可算名詞）

■1■ 第1音節にアクセント①

① 接近 (a_____)	② 外観、面 (a_____)	③ 逆説 (p_____)
④ 型、模様 (p_____)	第1音節に アクセント	⑤ 利己主義 (e_____)
⑥ 範疇 (c_____)	⑦ 語り手 (n_____)	⑧ 飾る (d_____)

PART 9 発音パズル

【答え】

① access	② áspect	③ páradox
④ páttern	—	⑤ égoism
⑥ cátegory	⑦ nárrator (ただし、narrátor とも発音する)	⑧ décorate

【こう覚えれば忘れない！】
① freedom of **access** で「出入り自由」
② a spiritual **aspect** で「精神面」
③ an ironical **paradox** で「皮肉な逆説」
④ a floral **pattern** で「花柄の模様」
⑤ **egoism**（利己主義） cf. egotism（自己中心癖、自己本位）
⑥ belong to the same **category** で「同じ範疇に属する」
⑦ a professional **narrator** で「プロの語り手」
⑧ The streets are **decorated** with flags. で「通りは旗で飾られている」

■2■ 第1音節にアクセント②

① 間隔 (i_____)	② しろうと（の） (a_____)	③ 論証する (d_____)
④ 挿絵を入れる (i_____)	第1音節にアクセント	⑤ 特権 (p_____)
⑥ 合成の、合成物 (c_____)	⑦ 前任者 (p_____)	⑧ 精神安定剤 (t_____)

PART 9 発音パズル

【答え】

① ínterval	② ámateur	③ démonstrate
④ íllustrate	—	⑤ prívilege
⑥ cómpound (ただし、動詞では compóund)	⑦ prédecessor	⑧ tránquilizer

【こう覚えれば忘れない！】

① at 10 minutes **intervals** で「10分おきに」
② an **amateur** painter で「しろうと画家」
③ **demonstrate** ... logically で「論理的に立証する」
④ a fully **illustrated** book で「挿絵がふんだんに入った本」
⑤ the exclusive **privilege** で「独占権」
⑥ a **compound** substance で「合成物」
⑦ the immediate **predecessor** で「すぐ前の前任者」
⑧ a mild **tranquilizer** で「弱い精神安定剤」

■3■ 第2音節にアクセント①

① 初期の (i_____)	② 辺境 (f_____)	③ 権威 (a_____)
④ 公の、正式の (o_____)	第2音節に アクセント	⑤ 経歴 (c_____)
⑥ 決まりきった仕事 (r_____)	⑦ 成熟した (m_____)	⑧ 簡潔な (c_____)

PART 9　発音パズル

【答え】

① inítial	② frontíer	③ authórity
④ offícial	―	⑤ caréer
⑥ routíne	⑦ matúre	⑧ concíse

【こう覚えれば忘れない！】
① an **initial** salary で「初任給」
② a fortress on the **frontier** で「国境の要塞」
③ an **authority** on French literature で「仏文学の大家」
④ an **official** record で「公認記録」
⑤ a teaching **career** で「教職歴」
⑥ break the **routine** で「いつもと違ったことをする」
⑦ a **mature** pianist で「円熟したピアニスト」
⑧ a **concise** speech で「簡潔なスピーチ」

■4■ 第2音節にアクセント②

① 温度計 (t_____)	② 名声、威信 (p_____)	③ 貢献する (c_____)
④ ～に帰する (a_____)	第2音節にアクセント	⑤ 分配する (d_____)
⑥ 冷蔵庫 (r_____)	⑦ 証明書 (c_____)	⑧ 熱意 (e_____)

PART 9 発音パズル

【答え】

① thermómeter	② prestíge	③ contríbute
④ attríbute	—	⑤ distríbute
⑥ refrígerator	⑦ certíficate	⑧ enthúsiasm

【こう覚えれば忘れない！】
① a clinical **thermometer** で「体温計」
② social **prestige** で「社会的名声」
③ **contribute** money to the fund で「基金に献金する」
④ It is **attributed** to Picasso. で「それはピカソの作と考えられている」
⑤ **distribute** textbooks among children で「子供たちに教科書を配る」
⑥ a frostfree **refrigerator** で「霜の付かない冷蔵庫」
⑦ a birth **certificate** で「出生証明書」
⑧ spontaneous **enthusiasm** で「自発的な熱意」

■5■ 第3音節にアクセント

① 先駆者 (p_____)	② 技術者 (e_____)	③ 亡命者 (r_____)
④ 保証（する） (g_____)	第3音節にアクセント	⑤ 人工的な (a_____)
⑥ 個人 (i_____)	⑦ 中断する (i_____)	⑧ 経験する、耐える (u_____)

PART 9　発音パズル

【答え】

① pionéer	② enginéer	③ refugée
④ guarantée	—	⑤ artifícial
⑥ indivídual	⑦ interrúpt	⑧ undergó

【こう覚えれば忘れない！】
① a scientific **pioneer** で「科学の先駆者」
② a skilled **engineer** で「熟練した技術者」
③ accept **refugees** で「難民を受け入れる」
④ a one-year **guarantee** で「1年間の保証」
⑤ **artificial** organs で「人工臓器」
⑥ differences among **individuals** で「個人差」
⑦ **interrupt** a program で「番組を中断する」
⑧ **undergo** an operation で「手術を受ける」

■6■ 発音しない文字（黙字）を含む単語①

① 登る (c_ _ _ _)	② 爆弾 (b_ _ _)	③ 墓 (t_ _ _)
④ 負債 (d_ _ _)	黙字を含む単語	⑤ 疑い (d_ _ _ _)
⑥ 微妙な (s_ _ _ _ _)	⑦ 城 (c_ _ _ _ _)	⑧ 筋肉 (m_ _ _ _ _)

PART 9 発音パズル

【答え】

① climb [kláim]	② bomb [bám]	③ tomb [túːm]
④ debt [dét]	—	⑤ doubt [dáut]
⑥ subtle [sʌ́tl]	⑦ castle [kæsl]	⑧ muscle [mʌ́sl]

【こう覚えれば忘れない！】
① climb a cliff で「がけをよじ登る」
② A bomb exploded. で「爆弾が爆発した」
③ a royal tomb で「王家の墓」
④ external debts で「対外債務」
⑤ a reasonable doubt で「もっともな疑念」
⑥ a subtle delight で「ほのかな喜び」
⑦ a castle of sand で「砂の城」
⑧ voluntary muscles で「随意筋」

■7■ 発音しない文字（黙字）を含む単語②

① 島 (i_____)	② 抵当 (m_____)	③ しるし (s___)
④ 耳を傾ける (l_____)	黙字を含む単語	⑤ 部隊、兵団 (c____)
⑥ 知識 (k_____)	⑦ 心理学 (p_____)	⑧ 領収書 (r_____)

204

PART 9 発音パズル

【答え】

① i̲sland [áilənd]	② mor̲tgage [mɔ́ːrgidʒ]	③ sign̲ [sáin]
④ listen [lísn]	—	⑤ corps̲ [kɔːr]
⑥ k̲nowledge [nálidʒ]	⑦ p̲sychology [saikálədʒi]	⑧ receip̲t [risíːt]

【こう覚えれば忘れない！】
① a tropical **island** で「熱帯の島」
② a house with a **mortgage** で「抵当権の付いている家」
③ an equal **sign** で「等号」
④ **listen** to the CD で「CDに聴き入る」
⑤ the Marine **Corps** で「海兵隊」
⑥ organized **knowledge** で「系統的な知識」
⑦ depth **psychology** で「深層心理学」
⑧ ask for a **receipt** で「領収証を請求する」

■8■ 数えられない名詞（不可算名詞）

① 交通 (t_____)	② 手荷物 (b_____)	③ 宝石類 (j_____)
④ 詩歌 (p_____)	不可算名詞	⑤ 機械類 (m_____)
⑥ 情報 (i_____)	⑦ 家具 (f_____)	⑧ 設備 (e_____)

PART 9　発音パズル

【答え】

① traffic	② baggage	③ jewelry
④ poetry	―	⑤ machinery
⑥ information	⑦ furniture	⑧ equipment

【こう覚えれば忘れない！】
① urban **traffic**(無冠詞)で「都市交通」
② excess **baggage**(無冠詞)で「超過手荷物」
③ fake **jewelry**(無冠詞)で「偽の宝石類」
④ publish **poetry**(無冠詞)で「詩集を出版する」
⑤ a piece of **machinery** で「機械1台」
⑥ a piece of **information** で「ひとつの情報」
⑦ a piece of **furniture** で「家具1点」
⑧ the cost of **equipment**(無冠詞)で「設備費」

PENGUISH ⑩

> I suppose it is a bit of a paradox, but us being included in the category of avians makes us part of the privileged classes!

> Not forgetting that we get to live in a refrigerator out in the frontier, right...?

「逆説的に聞こえるかもしれないが、我々は鳥類というカテゴリーの中では特権階級だ！」
「辺境の冷蔵庫の中で暮らしていることも含めてね……」

■ paradox (→ p.193) ■ category (→ p.193) ■ privilege (→ p.195)
■ refrigerator (→ p.199) ■ frontier (→ p.197)

■エピローグ■
最後に一発、上級パズルをお見舞いします!

　本書の最後に、超難問を出して終わりにしたいと思います。テーマは「プロローグ」で出題したのと同じ「アメリカの州名パズル」。クイズの形式はまったく同じです。このパズルがすらすら解けるとすれば、よほどの米国通の方でしょう。では、チャレンジしてみてください。掛け値なしに難しいですよー。

① Fで始まる州	② Gで始まる州	③ Hで始まる州
④ Lで始まる州	アメリカの州名〈上級編〉	⑤ Pで始まる州
⑥ Sで始まる州	⑦ Uで始まる州	⑧ Vで始まる州

読者の中には、地図を見ない限り一生お手上げ、という方も多いと思います。根性のある方は、これを一生の課題として生きていってください。では、根性のない方のために正解をお見せしましょう。

① Florida
② Georgia
③ Hawaii
④ Louisiana
⑤ Pennsylvania
⑥ South Carolina か South Dakota のいずれか
⑦ Utah
⑧ Vermont か Virginia のいずれか

　難しさのヒミツは、該当する答えが1州か2州しかないことです。「プロローグ」の最初に肩ならししていただいた Kansas と Kentucky、それから2つの「9マスパズル」の正解でお見せした州で、アメリカの全50州のうち48州はカバーしています。残る2州は、D で始まる Delaware と、R で始まる Rhode Island というわけでした。
　では、これにて長らくお楽しみいただいた「9マスパズル」の世界ともお別れです。本書で遭遇した英単語たちは、巻末の INDEX に行儀よく整列させておきましたので、よろしかったら閲兵してやってください。
　別れはいつも辛いものですが、これにて本当にサヨウナラ！　またのお越しを心よりお待ちしております。

■ INDEX ■

A

ability *16, 21*
absence *25*
absolute *35*
abstract *35, 181*
accept *29, 63, 173, 201*
access *171, 193*
accessible *85*
accidental *21*
accomplish *177*
accumulate *63, 119*
accurate *21*
acquire *161*
acquisition *161*
action *127*
active *31, 111, 127*
activity *127*
actor *101, 127*
actress *127*
actual *127*
actually *117*
acute *9*
adapt *63*
adhere *63*
admit *137*
adult *33*
adverse *63*
advertise *187*
advertisement *91*
advise *189*
affair *149*
aggressive *111*

agreement *91*
allowance *87*
alternative *111*
amateur *195*
amusement *89*
ancestor *27*
anniversary *187*
annual *13*
answer *18*
anticipate *173*
antipathy *27*
anxious *113*
appearance *87*
appendix *157*
apply *63, 177*
appreciate *119*
architecture *93*
area *9*
argument *91*
arrest *63*
artificial *35, 201*
artistic *17*
aspect *143, 193*
assignment *89*
assist *179*
assume *63*
atom *9*
atomic *105*
attack *29*
attend *145*
attract *181*
attribute *199*
auction *19*
authority *197*

available *83, 183*
avenue *185*

B

baggage *207*
behavior *23*
birth *199*
blame *29*
blind *11*
bomb *9, 203*
bravery *17*
broad *33*
budget *13*
buy *18*

C

capable *83*
career *197*
castle *203*
casual *20*
category *193*
cell *9*
certificate *199*
chance *16*
chemical *109*
civil *11*
civilize *123*
classify *121*
clever *20*
cliff *203*
climb *203*
clinical *199*
collect *135*
college *135*

combine 67
comfortable 83
command 155
comment 67
commit 11, 67, 137
common 20
company 67
compare 67
compatible 85
compensate 157
complete 20
complex 31, 67, 177
compose 67, 159
compound 195
compress 141
compromise 137
compulsory 35
computer 67
conceal 19
concept 173
concise 197
conclude 65
concrete 35
condition 129
conduct 131
confidence 87
confine 153
confuse 65
confusion 97
conquer 161
conquest 161
conscious 65
consent 65
conservative 111
consist 65, 179
constant 25, 163
constitute 179
construct 165

construction 165
consume 29
consumption 95
contain 167
continue 167
contract 65, 181
contradict 129
contrast 163
contribute 199
convenient 65, 115, 185
convention 185
conventional 107
conversation 187
convert 65
coordinate 119
corps 205
cost 207
courage 16
court 11
cowardly 103
creature 11, 93
crime 11, 21
criminal 11
crisis 13
critical 109
curious 113
customer 99

D

daily 9, 103
danger 16
debate 69
debt 203
deceive 173
decision 97
declare 69
decorate 193

decoration 16
deduce 69, 131
deep 22, 33
defeat 27
defect 69
defend 29
define 69, 153
definition 95, 153
delight 203
demand 25
demonstrate 169, 195
demonstration 169
depend 69, 157
depression 141
depth 205
derive 69
descendant 27
describe 69
destroy 165
destruction 165
dictation 129
dictator 129
dictionary 129
differ 151
difference 201
difficult 149
diligent 33
diplomatic 17, 105
direct 11
director 101
disaster 71
disclose 71
discuss 71
discussion 97
disease 71
dismiss 137
display 17, 71

INDEX

distance 87
distinguish 71
distribute 71, 199
disturb 71
division 9, 97
divorce 27, 187
domestic 31, 105
doubt 203
drug 16
dull 9
duty 23

E

eclipse 33
ecstasy 163
editor 101
educate 131
effect 13
efficient 149
effort 13, 147
egoism 193
egoistic 22
egotism 193
elect 135
embarrass 61
embody 61
employ 19
enable 61
enclose 61
encounter 61
engagement 91
engineer 201
enlarge 61
enormous 113
enrich 61
enroll 61
entertain 167
enthusiasm 199

entirely 117
entrance 25
equal 17, 205
equipment 207
equivalent 183
establish 163
estate 163
eternal 22
evaluate 183
even 35
event 185
evidence 87
evident 115
evolution 95
exact 20, 127
exactly 117
exaggerate 47
exceed 45, 171
excellent 115
except 173
excess 207
excitement 91
exclude 45
exclusive 111, 195
execute 47
exhaust 47
exhibit 45
exist 45, 179
exit 25, 47
expect 143
expedition 47
expense 15
expensive 157
experiment 89
explain 45
explode 47, 203
export 45, 139
expose 47, 159

express 45, 141
expression 141
extend 45, 145
extension 97
external 31, 203
extinguish 47
extract 181

F

faction 149
factor 149
factory 149
faculty 149
fail 29
failure 93
faith 11
fake 207
famous 113
fantastic 105
fascinate 119
fate 9
feature 93
female 27
final 153
finance 153
financial 13
fine 153
flexible 85
floral 193
fluent 115
foreign 31
forget 29
forgive 29
formal 133
formation 133
formula 133
fortress 197
fossil 9

213

freedom *193*
frequently *117*
friendly *20, 103*
frontier *197*
frostfree *199*
fuel *9*
fulfillment *89*
fund *199*
furniture *93, 207*

G

gene *175*
general *175*
generalize *123*
generation *175*
genesis *175*
genius *175*
genuine *23, 175*
gigantic *105*
global *107*
gradually *117*
greenhouse *13*
guarantee *201*

H

habit *11*
heaven *25*
hell *25*
hide *18*
hire *18*
historical *109*
homely *103*
hurt *18*
hydrogen *9, 175*

I

identify *121*
ignorance *87*

ignorant *41*
illegal *41*
illustrate *195*
immediate *195*
immediately *117*
imply *177*
import *139*
important *20*
impose *159*
impression *97, 141*
include *29, 39*
income *13, 15, 39*
incredible *41, 85*
independence *41, 157*
index *129*
indicate *119, 129*
indifference *151*
indispensable *23*
individual *201*
induce *131*
inevitable *41*
inferior *35*
infinite *153*
influence *87*
inform *39, 133*
information *133, 207*
initial *197*
injure *19, 41*
innocent *41, 115*
inquire *161*
inquiry *161*
insist *39, 179*
inspect *143*
inspector *101*
inspire *39*
install *193*
instance *163*
institute *179*

instruct *39, 165*
instruction *165*
instrument *165*
intellect *49, 135*
intelligent *21*
intend *39, 145*
intention *145*
interaction *49*
interfere *49*
internal *31*
international *49*
interpret *49*
interpreter *99*
interrupt *49, 201*
intersection *49*
interval *49, 195*
introduce *131*
invalid *183*
invent *185*
inverse *11*
investigate *119*
involve *39*
ironical *193*
irony *9*
irregular *41*
island *205*

J

jewelry *207*
judgment *89*
justify *121*
juvenile *33*

K

knowledge *205*

L

law *19*

lazy 33
lecture 135
likely 103
listen 205
literature 93, 197
locate 119
logically 195
loser 25
loss 15
lunar 33
lunatic 105

M

machine 21
machinery 207
magnificent 115, 149
maintain 155, 167
male 27
manage 155
management 89
manager 99
manner 155
manual 155
manufacture 155
manuscript 155
marine 205
marriage 27
mature 197
medicine 17, 31
memorize 123
mend 18
mental 13, 35, 107
message 137
metal 23
method 13
mission 137
monster 169
monthly 103

mortgage 205
movement 91
muscle 203

N

narrator 193
narrow 33
national 13, 17
natural 35, 107
necessary 22, 171
negative 31, 111
neglect 135
negotiation 95
nervous 113
neutral 107
noise 25
nuclear 19
numerous 113

O

obstruction 165
obtain 167
obvious 113
odd 35
offer 151
official 197
omission 97
omit 29
operation 95, 201
operator 101
opportunity 17, 139
oppose 19
opposite 159
oppress 141
optimism 25
oral 33
ordinary 21
organ 201

organize 123, 205
ornament 17, 91
own 18
oxygen 175

P

pain 9, 15
paradox 193
partial 33
participate 173
passenger 99
passive 31, 111
patience 87
pattern 193
peculiar 23
pending 157
pension 157
perceive 173
perfect 21
peril 17
permanent 115
permit 137
perpetual 23
persist 179
perspective 143
pessimism 25
phone 9
physical 13, 35, 109
pioneer 201
pleasure 15, 93
plenty 177
poetry 207
polite 31
political 109
portable 139
positive 31, 159
possess 19
possible 85

215

potential *107*
poverty *27*
praise *29*
precede *51, 171*
precious *23*
predecessor *195*
predict *51, 129*
prefer *51, 151*
prepare *51*
presence *25*
preserve *51*
pressure *141*
prestige *199*
pretend *51, 145*
prevail *183*
prevent *51, 185*
previous *51, 113*
price *11*
privacy *21*
privilege *195*
probably *117*
problem *53*
proceed *171*
process *171*
produce *29, 53, 131*
producer *99*
production *13*
productivity *131*
professional *125, 193*
professor *101, 125*
profit *15, 53*
profound *23, 35*
program *201*
prohibit *55*
project *55*
promise *137*
promote *53*
pronounce *55*

propel *55*
proper *20*
propose *53, 159*
prose *27*
prospect *55, 143*
protect *53*
protest *53*
provide *53, 189*
prudent *115*
psychology *205*
publish *207*
punish *29*
punishment *15*
purchase *19, 55*
purify *121*
purpose *55, 159*
pursue *55*

Q

qualify *121*
quality *25*
quantity *25*
queer *22*

R

radical *109*
ratio *11*
reaction *127*
real *19, 22*
realize *123*
reasonable *83, 203*
receipt *205*
receive *73, 173*
recently *117*
recession *171*
recline *75*
recognize *123*
recollect *135*

recommend *155*
recycle *75*
reduce *11, 131*
reduction *95*
refer *151*
reference *151*
refine *153*
reflect *73*
reform *73, 133*
refresh *75*
refrigerator *199*
refugee *201*
refuse *29, 73*
reject *29, 73*
relation *75*
relative *35*
relativity *13*
reliable *83*
remarkable *83*
remember *29*
remove *73*
repair *19*
repeat *75*
reply *19, 73, 177*
report *139*
representative *111*
reputation *19, 95*
request *161*
require *75, 161*
resist *18, 179*
respect *73, 143*
responsible *85*
restrict *75*
result *13*
retain *75, 167*
retrospect *143*
revenue *185*
reverse *187*

INDEX

revise *189*
reward *15*
right *31*
route *11*
routine *197*
royal *203*
rude *31*
rural *9, 33*

S

salary *197*
satisfy *121*
scientific *105, 201*
select *135*
selfish *23*
shallow *33*
sign *205*
significant *21*
signify *121*
silence *25*
simple *31, 177*
simplify *121*
skilled *201*
sociable *21*
social *199*
solar *33*
solution *95*
speaker *99*
specific *17, 105*
spiritual *107, 193*
spontaneous *199*
sport *139*
stimulate *119*
stranger *99*
submarine *57*
subscribe *57*
substance *57, 163, 195*
subtle *203*
subtract *181*
subway *57*
succeed *29, 57, 171*
suffer *57, 151*
suitable *21, 83*
superficial *35, 107*
superior *35*
supervise *189*
supplement *91*
supply *25, 177*
support *57, 139*
suppose *159*
suppress *141*
survey *189*
suspect *143*
suspend *57, 157*
sustain *167*
symbol *79*
symbolize *123*
symmetry *27, 79*
sympathy *27, 79*
symptom *79*
synchronize *79*
synonym *79*
synthesis *79*
system *79*

T

talent *17*
tax *19*
temperament *89*
temperature *93*
tenant *167*
tend *145*
tendency *145*
tension *145*
terrible *85*
theme *11*
theory *13*
thermometer *199*
tired *22*
tomb *203*
torment *81*
total *33*
trace *181*
tradition *77*
traffic *207*
tranquilizer *195*
transaction *77*
transfer *77, 151*
transform *77, 133*
translate *77*
translator *101*
transmit *77*
transplant *77*
transport *77, 139*
traveller *99*
treat *181*
treatment *89*
treaty *181*
triumph *17*
tropical *109, 205*
typical *109*

U

unbelievable *43*
undergo *201*
unemployment *43*
unfortunate *43*
uniform *133*
universe *187*
university *187*
unknown *43*
unnatural *43*
unnecessary *43*

unreliable 43
unusual 43
urban 9, 33, 207
useful 31
useless 31
utilize 123

V

valid 183
valuable 22, 83, 183
value 16, 183
variation 11

venture 185
verse 27
version 187
vice 27
victory 16, 27
violation 21
virtue 27
visible 85, 189
vision 97, 189
visitor 101
visual 189
voluntary 35, 203

W

wage 9
wealth 27
weapon 19
weary 23
weekly 9, 103
winner 25
worldly 103
worth 17
written 33
wrong 31

晴山陽一（はれやま よういち）

1950年、東京生まれ。早稲田大学文学部哲学科卒業後、出版社に入社し経済雑誌の創刊、英語教材の開発を担当。元ニュートン社ソフト開発部長、「コモンセンス」副編集長。現在は『英単語速習術』（ちくま新書）『たった100単語の英会話』（青春出版社）等を生み出したベストセラー作家、英語教育研究家として知られる。その他の著書に『すごい言葉』（文春新書）『スノーボールの冒険』（幻冬舎）『英単語10000語チェックブック』（ダイヤモンド社）等、多数。

文春新書
577

記憶の「9マス英単語」
きおく　　　　えいたんご

2007年（平成19年）6月20日　第1刷発行

著　者	晴　山　陽　一
発行者	細　井　秀　雄
発行所	株式会社 文藝春秋

〒102-8008　東京都千代田区紀尾井町3-23
電話（03）3265-1211（代表）

印刷所	理　　想　　社
付物印刷	大 日 本 印 刷
製本所	大　口　製　本

定価はカバーに表示してあります。
万一、落丁・乱丁の場合は小社製作部宛お送り下さい。
送料小社負担でお取替え致します。

ⒸHareyama Yoichi 2007　　　　Printed in Japan
ISBN978-4-16-660577-4

恋の手紙 愛の手紙　半藤一利
「書く」ということ　石川九楊
桜の文学史　小川和佑
富士山の文学　久保田淳
おくのほそ道 人物紀行　杉本苑子
おせい&カモカの昭和愛惜　田辺聖子
書評家〈狐〉の読書遺産　山村修

◆コンピュータと情報

電脳社会の日本語　加藤弘一
パソコン徹底指南　林望
インターネット犯罪　河﨑貴一
グーグル Google　佐々木俊尚
ネットvs.リアルの衝突　佐々木俊尚
ネット時代の反論術　仲正昌樹
コンピュータを「着る」時代　板生清
ケータイのなかの欲望　松葉仁
エシュロンと情報戦争　鍛冶俊樹
定年後をパソコンと暮らす　加藤仁
プライバシー・クライシス　斎藤貴男
西暦2000年問題の現場から　濱田亜津子
暗号と情報社会　辻井重男
「社会調査」のウソ　谷岡一郎
新聞があぶない　本郷美則
困ったときの情報整理　東谷暁

隠すマスコミ、騙されるマスコミ　小林雅一
スクープ　大塚将司
テレビのからくり　小田桐誠

文春新書

◆文学・ことば

スコットランドの漱石	多胡吉郎
シェークスピアは誰ですか？	村上征勝
「吾輩は猫である」の謎	長山靖生
尾崎翠	群ようこ
清張ミステリーと昭和三十年代	藤井淑禎
松本清張の残像	藤井康栄
藤沢周平 残日録	阿部達二
司馬遼太郎という人	和田宏
三島由紀夫の二・二六事件	松本健一
回想 回転扉の三島由紀夫	堂本正樹
追憶の作家たち	宮田毬栄
それぞれの芥川賞 直木賞	豊田健次
文豪の古典力	島内景二
短歌博物誌	樋口覚
万葉集の歌を推理する	間宮厚司
*	
梁塵秘抄のうたと絵	五味文彦
江戸諷詠散歩	秋山忠彌
江戸川柳で読む平家物語	阿部達二
江戸川柳で読む忠臣蔵	阿部達二
知って合点 江戸ことば	大野敏明
とっておきの東京ことば	晴山陽一
すごい言葉	京須偕充
漢字と日本人	高島俊男
日本語と韓国語	大野敏明
愛と憎しみの韓国語	辛淑玉
*	
あえて英語公用語論	船橋洋一
翻訳夜話	村上春樹 柴田元幸
翻訳夜話2 サリンジャー戦記	柴田元幸 村上春樹
危機脱出の英語表現501	林俱子
語源でわかった！英単語記憶術	山並陞一
日本語の21世紀のために	丸谷才一 山崎正和
会話の日本語読本	鴨下信一
面白すぎる日記たち	鴨下信一
通訳の英語 日本語	小松達也
英語の壁 マーク・ピーターセン	
英文法が役に立ってますか	渡部昇一
和製英語が役に立つ英会話	河口鴻三
独りで学べる英会話	塩谷紘
危うし！小学校英語	鳥飼玖美子
*	
わたしの詩歌	藍川由美編
これでいいのか、にっぽんのうた	藍川由美編
こどもの詩	川崎洋編
「歳時記」の真実	文藝春秋編
やつあたり俳句入門	石寒太
広辞苑を読む	柳瀬尚紀
新聞と現代日本語	金武伸弥
宮廷文学のひそかな楽しみ	岩佐美代子
美男の立身、ブ男の逆襲	大塚ひかり
21世紀への手紙	文藝春秋編

◆アートの世界

丸山眞男 音楽の対話	中野 雄	個人美術館への旅	大竹昭子
ウィーン・フィル 音と響きの秘密	中野 雄	春信の春、江戸の春	早川聞多
モーツァルト 天才の秘密	中野 雄	能の女たち	杉本苑子
エルヴィス・プレスリー	東 理夫	バレエの宇宙	佐々木涼子
ブロードウェイ・ミュージカル	井上一馬	文楽の女たち	大谷晃一
クラシックCDの名盤 演奏家篇	宇野功芳 中野雄 福島章恭	京都 舞妓と芸妓の奥座敷	相原恭子
クラシックCDの名盤	宇野功芳 中野雄 福島章恭	大和 千年の路	榊 莫山
ジャズCDの名盤	悠雅彦 稲岡邦彌	オモロイやつら	竹中浩三
「はやり歌」の考古学	倉田喜弘	三遊亭圓朝の明治 落語名人会夢の勢揃い	矢野誠一
「演歌」のススメ	藍川由美	今夜も落語で眠りたい	京須偕充
「唱歌」という奇跡 十二の物語	安田 寛	宝塚 百年の夢	中野 翠
Jポップの心象風景	烏賀陽弘道	劇団四季と浅利慶太	植田紳爾
＊		外国映画ぼくの500本	松崎哲久
脳内イメージと映像	佐々木健一	日本映画ぼくの300本 ハラハラドキドキぼくの500本 外国映画ぼくの500本	双葉十三郎
アメリカ絵画の本質	吉田直哉	愛をめぐる洋画ぼくの500本	双葉十三郎
近代絵画の暗号	若林直樹	スクリーンの中の戦争	坂本多加雄

美のジャポニスム	三井秀樹
聖母マリア伝承	中丸 明
現代筆跡学序論	魚住和晃
ヴェネツィアと芸術家たち	山下史路
天皇の書	小松茂美
散歩写真のすすめ	樋口 聡

文春新書

◆サイエンス

- 日本の宇宙開発　中野不二男
- 日中宇宙戦争　中野不二男
- ES細胞　五代富文
- 遺伝子組換え食品　大朏博善
- DNAの時代、期待と不安　川口啓明　菊地昌子
- 人間は遺伝か環境か？　大石道夫
- 遺伝的プログラム論　日高敏隆
- いのち生命科学に言葉はあるか　最相葉月
- "放射能"は怖いのか　佐藤満彦
- ロボット21世紀　瀬名秀明
- 「原発」革命　古川和男
- 科学鑑定　石山昱夫
- ナノテクノロジーの「夢」と「いま」　森谷正規

*

- ネアンデルタールと現代人　河合信和
- ヒトはなぜ、夢を見るのか　北浜邦夫
- 海洋危険生物　小林照幸

- 蝶を育てるアリ　矢島稔
- アフリカで象と暮らす　中村千秋
- もう牛を食べても安心か　福岡伸一
- ファースト・コンタクト　金子隆一
- 肖像画の中の科学者　小山慶太
- 天文学者の虫眼鏡　池内了
- 私のエネルギー論　池内了
- 法医解剖　勾坂馨
- ヒト型脳とハト型脳　渡辺茂
- 花の男 シーボルト　大場秀章
- 「時」の国際バトル　織田一朗

◆教える・育てる

- 幼児教育と脳　澤口俊之
- 非行を叱る　野代仁子
- 発信力 頭のいい人のサバイバル術　樋口裕一
- 現代人のための脳鍛錬　川島隆太
- 大人に役立つ算数　小宮山博仁
- 塾の力　小宮山博仁
- 予備校が教育を救う　丹羽健夫
- 不登校の解法　団士郎
- 私たちも不登校だった　江川紹子
- 授業の出前、いらんかね。　山本純士
- 子どもをいじめるな　梶山寿子
- 子どもが壊れる家　草薙厚子
- こんな子どもが親を殺す　片田珠美
- 父親のすすめ　日垣隆
- 論争 教育とは何か　中曽根康弘・西部邁　松井孝典・松本健一
- 江戸の子育て　中江和恵

文春新書好評既刊

語源でわかった！ 英単語記憶術
山並陞一（しょういち）

聞く英語、話す英語となると、なぜ日本人はダメなのか？ 日本人の語学不得手説を根本からくつがえす語源からの画期的な英語学習法

296

英語の壁 The English Barrier
マーク・ピーターセン

英語まがいの奇妙な"英語"。首をひねりたくなるヘンな"日本語"。二つの言語を行き来する著者が考える「英語の現実、日本語の将来」

326

すごい言葉 実践的名句323選
晴山陽一

ビジネスに、スピーチに、手紙に使える！ 一度読んだら忘れられない実践的名句の数々（英文付）。マスターすれば英語力もアップ!!

408

独りで学べる英会話
塩谷紘

「飛行機って何？」と英語で聞かれたら、簡潔に答えられますか？ 答えは子供用英英辞書に。この訓練で必ず英会話の達人になれる

433

危うし！ 小学校英語
鳥飼玖美子

導入の最終段階に入った、小学校での英語必修化。同時通訳者として本物の英語力を知り抜く著者が、なぜ小学校英語に反対するのか

509

文藝春秋刊